证券场外交易市场发展研究

胡经生　著

中国财政经济出版社

图书在版编目（CIP）数据

证券场外交易市场发展研究/胡经生著．—北京：中国财政经济出版社，2010.10

ISBN 978－7－5095－2467－1

Ⅰ.①证… Ⅱ.①胡… Ⅲ.①证券交易－资本市场－研究－中国 Ⅳ.①F832.51

中国版本图书馆 CIP 数据核字（2010）第 177119 号

责任编辑：刘五书　　责任校对：李　丽
封面设计：邹海东　　版式设计：董生萍

中国财政经济出版社 出版

URL：http：//www.cfeph.cn

E－mail：cfeph @ cfeph.cn

社址：北京市海淀区阜成路甲 28 号　邮政编码：100142

发行处电话：88190406　财经书店电话：64033436

北京财经印刷厂印刷　　各地新华书店经销

880×1230 毫米　32 开　10.625 印张　157 000 字

2010 年 11 月第 1 版　2010 年 11 月北京第 1 次印刷

定价：22.00 元

ISBN 978－7－5095－2467－1/F·2100

（图书出现印装问题，本社负责调换）

本社质量投诉电话：010－88190744

序 一

宋丽萍

回顾20年前，我国证券市场起步时，各方面条件都很不完善。没有公司法、证券法，信息披露等监管制度一片空白，作为企业主体的国有企业还不是真正的企业。在当时的条件下建立了场内集中交易市场，自上而下按照建构式的市场发展路径，如为帮助国企转制脱困，从无到有，一点点发展起来。

今天，我们站在新的历史起点，设计规划场外市场。我国证券市场已经有1700多家上市公司，20多万亿元市值，超过1亿个投资者账户，法律、监管、市场主体相对成熟。30年的改革，产生了上万家股份公司，经济的发展自然地孕育出内生性的市场需求。流通是股权的天然禀性，客观上需要一个规范、有效的股份转让场所，这就是统一监管的场外市场。

如果我们今天重新审视集中市场20年的得失成败，就会发现由于起步时市场各参与主体本身发展不完善，不得不过于依赖行政的力量，结果导致市场参与主体的各项功能发育滞后。最突出的是证券公司中介职能一直未能发挥，初期作为交易所的交易终端发展起来，时至今日，市场依然为历史支付成本。例如，一级市场缺乏市场化定价承销能力，二级市场客户管理功能缺失等等。市场发展到了今天，规模日益庞大，利益关系日趋复杂，只有充分发挥市场各方的力量才能使市场顺畅运转起来，行政审批不能替代市场中介机构的专业判断，政府的功能不能替代市场的功能，而且行政监管资源也是十分有限的。因此，我们要认识到，场外市场是适应经济发展客观需要而应运而生的一个新市场，要抓住这个历史机遇，探索建立以证券公司中介职能为核心的场外市场。

证券市场的历史证明，中介机构的执业水准决定了市场的质量。今年是深交所成立20周年，后年是中国证监会成立20周年。当年，刘鸿儒主席曾说，我们这一代人是开荒拓路。这条路不能越走越窄，使市场陷于发展困境，而应在目前市场基础、市场参与者实力及管理经验空前提高和完善的条件下，构建四通八达的交通枢纽，为股权转让提供一个高效有序的平台。为了实现这一目标，需要我们市场参与各方共同努力，推进场外市场建设。

（本文为深圳证券交易所宋丽萍总经理在2010年2月3日北京“境外场外市场发展与监管研讨会”上的演讲，经宋总同意，作为本书序言）

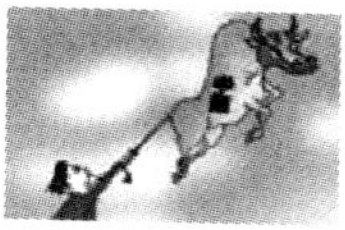

序 二

马庆泉[1]

我最早接触证券场外市场是在2001年。当时笔者专职在中国证券业协会工作，见证了代办股份转让系统的设立和运行。代办股份转让系统为原“两网”（STAQ、NET系统）公司、交易所退市公司提供了股票转让的平台，较好地化解了退市潜在的社会矛盾，取得了预期的发展效果。不仅如此，代办系统还实现了新的突破，经国务院批准，代办系统于2006年引入中关村科技园区公司挂牌，补充了新鲜血液，为代办系统的功能升级积累经验，并为未来建立统一监管下的全国性场外交易市场奠定了坚实的基础。

以代办系统为主的场外市场运作实践至今已近10年了，需要总结相关经验教训，并做进一步的理论提升。胡

---

① 马庆泉，经济学博士，广发基金管理公司董事长，中国证券业协会副会长，中国人民大学博士生导师。

经生博士的新著《证券场外交易市场发展研究》在这方面做了有益的探索。该书对场外市场进行了系统性研究，并具备相当的理论深度。概括来讲，该书有如下几个方面值得重视：

一是从理论上对证券场外市场进行了深入探讨。作者结合证券市场最新发展趋势，对场外交易市场概念的内涵与外延进行了界定，通过非对称信息模型、证券交易制度演进视角的分析，研究了场外市场的理论基础。模型分析表明，为解决中小企业融资难等问题，需要建立能够有效消除信息不对称的机制，只有场外交易市场可以将绝大部分中小企业纳入，达到分离均衡状态。从证券交易制度演进的视角看，由于场外市场进行交易所化的边际收益与边际成本均衡的作用，场外市场将长期存在下去。

二是国际市场资料翔实。作者花大力气搜集了最新资料，专列两章论述了证券场外市场发展的国际经验，首先从样本国家（地区）的多层次市场体系分析入手，比较分析了这些国家（地区）场外市场的法律规定、信息披露、挂牌制度、转板制度、交易制度和监管制度，还从历史演进的视角比较分析了境外场外市场发展路径，以及俄罗斯、中国台湾的典型案例，在此基础上推论出的场外市场发展规律很有说服力。

三是分析了中国场外市场发展的历史与现状。作者通过分析指出，我国历史上场外市场发展的教训，主要在于微观制度设计的失败、监管体制的分散，场外市场与交易所实行相同的交易制度，相当于复制了若干个沪深证券交易所，而分散的监管体制则难以纠正市场的混乱无序。由此作者总结了代办股份转让系统的若干经验，分析了分层次转让、信息披露、主办券商等制度创新，探讨了未来实施市商制度的可行性。作者还专章分析了地方产权交易市场发展问题，产权市场在促进国有产权流动、科技成果转化、推动国有经济调整等方面发挥了积极作用，但由于法律依据、监管体制等原因，现阶段产权市场定位于物权、债权、知识产权、有限责任公司及其他企业产权等非标准化产品的交易市场较为合适，未来可以发展股东200人以下股份公司的私募股权转让业务。

四是研究了场外市场与公开发行非上市制度构建问题。要构建公开发行非上市制度，必须有多层次资本市场体系作为基本前提，尤其场外交易市场作为最基础的市场层次存在。而拓展场外市场挂牌公司来源、实现融资功能，也需要股票发行制度在现有公开发行并上市的基础上改革推进相配合。现阶段，针对向超过200人的特定对象发行股票，或者允许公开挂牌转让的公司向特定对象发行股票，建立公开发行非上市制度以及非上市公众公司监管制度是可行的选择。在代办股份转让系统的基础上，建立非上市公众公司股权转让市场，是制度构建成功的重要保证。

胡经生博士理论功底深厚，并有证券公司、交易所、监管部门的实务工作经验，近年来更是先后亲身参与了创业板发行监管制度、非上市公众公司监管制度设计工作，对最新的前沿政策有深刻理解，可以说，本书乃胡博士厚

积薄发之作。作为学术著作，本书既有深刻的理论分析，又用通俗流畅的语言做了国际比较、历史与现状的分析等，有助于让更多的读者深入理解场外市场。我相信，本书的出版定能为业界读者提供较好的参考，也期待胡博士取得更多的研究成果。

2010 年 7 月 16 日

于广州

目 录

第1章

导　言

证券场外交易市场是相对于交易所内进行的证券交易而言的，是指在证券交易所之外、通常由证券商组织的证券交易市场，交易的证券以不在交易所上市的证券为主，某些情况下也有证券交易所上市证券的场外交易。

传统上，证券场外交易市场就是指柜台交易市场。但最近十多年来，随着信息技术发展的突飞猛进、交易所变革的日新月异，证券场外市场的形式出现了诸多变化，场内交易与场外交易的界限也变得日益模糊。突出地表现在三个方面：

一是另类交易系统（Alternative Trading System，ATS）的大量出现。自20世纪90年代以来，随着信息技术飞速发展、机构投资者日益崛起、投资全球化持续推进、市场管制不断放宽、金融服务业出现解构和整合趋势等，证券市场结构出现重大变化，尤其是各种新的交易系统的出现，即所谓的另类交易系统。

在美国，另类交易系统（以下简称ATS）泛指既有交易所以外的各种证券交易平台。美国证券交易委员会在1997年颁布法令要求将ATS区分为电子联系网络ECN（electronic communicatoin network）及配对系统（crossing system）两类。美国证券交易委员会要求所有的ATS均应登记为经纪自营商，在ATS法令（Regulation ATS）中有非常明确的规定。

二是部分创业板市场的交易所化。2004年12月，日本创业板市场佳斯达克（JAS-DAQ）获准注册为证券交易所。2005年1月，韩国在原来韩国证券交易所、科斯达克（KOSDAQ）、期货交易所的基础上，重新整合成立韩国交易所，科斯达克成为韩交所的一个部门，实际上已经交易所化。2006年初，世界创业板市场的鼻祖——美国纳斯达克市场（NASDAQ）也正式注册为证券交易所。创业板市场传统上被认为是统一的证券场外市场，其交易所化进一步模糊了证券场内交易与场外交易的界限。

三是经纪商交易的“内部化”和“黑池”交易的兴起。信息技术的迅猛发展给证券交易方式带来巨大变化。近年来，欧美部分国家的证券交易所在交易撮合功能上面临来自证券商的巨大挑战，越来越多的证券商截断客户委托指令，通过自身交易系统进行撮合，仅将不能配对的指令送达证券交易所，这种行为被称为内部化（internalization)。还有很多投资银行创立“黑池(dark pool)”①，将机构投资者的股票委托单首先在“黑池”内自动对盘撮合，其余委托才与交易所连接。“内部化”和“黑池”交易的日渐普及造成交易所的交易量流失，给交易所（尤其是具有垄断性质的

① 例如，美国高盛有SIGMAX黑池，法国里昂证券组建了BlocSec黑池。2008年9月，九家欧美投资银行组建Turquoise股票交易平台，把各银行运作的黑池连接起来，推行泛欧股票交易服务。据估计，近年来在美国股市中的黑池交易已占总交易量的10%以上。

交易所）的盈利能力造成压力，同时引起对“内部化”能否形成最佳价格的置疑。欧盟已经通过法律将“内部化”合法化，各国交易所面临严峻的挑战。

由于证券市场的最新发展趋势，证券场外交易市场这一概念的内涵和外延也大为扩张。概括而言，证券场外交易是相对于交易所内进行的证券交易而言的，是指在证券交易所之外、通常由证券商组织的证券交易市场，主要形式包括柜台交易、电子网络交易市场，其主要特点是顾客通过做市商买卖证券，或买卖双方直接协商定价成交，交易市场提供证券报价，一般不使用集中撮合交易方式。场外市场交易股权的公司称为挂牌公司或报价公司（quoted companys），以区别于交易所上市公司（listed companys）。

场外交易市场与交易所市场的主要区别在于两个维度：一是交易制度，场外市场一般是做市商制，交易所市场为集中撮合制。二是市场组织者与公司的关系，场外市场交易股权的公司为报价公司，意即市场仅为公司提供报价转让服务，公司仅与做市商签订做市协议；交易所市场交易股权的公司为上市公司，公司与市场组织者（即交易所）签订上市协议。

当然，传统的股票交易所都是会员制的，即证券商组成的有组织的市场，交易所代表了证券商的利益，因此本质上也是证券商间接地与上市公司签订上市协议，而场外市场的组织一般较为松散，各个证券商直接与公司签订做市协议。

广义的证券场外市场涵盖交易所之外的各类证券交易市场，包括有组织的、零散的交易市场；狭义的证券场外交易市场仅指交易所之外有组织的证券交易市场。最为典型的证券场外交易市场是美国的电子公告板柜台市场（Over – The – Counter Bulletin Board，OTCBB）和粉单市场（Pink Sheets）。

本书以证券场外交易市场发展为主线，运用信息经济学、新制度经济学的有关理论，以数理模型、比较研究的方法，通过对场外市场理论基础、国际经验、国内教训的分析，回答我国发展场外市场的路径问题，为我国进一步发展证券场外交易市场提供借鉴。

由于证券场外市场本身属于规范的证券交易所之外的市场，因此可供研究的场外市场数据极其稀少，这为系统地研究该问题增加了难度，更难以进行精确的计量分析。尽管如此，本书力图搜集最新的相关资料，主要从理论基础、基本制度、发展模式的角度，对股票场外交易市场进行较为系统的研究，并对我国公开发行非上市制度构建与场外交易市场的关系、非上市公众公司监管、地方产权交易市场发展、场外市场发展路径等有关问题进行了初步探讨。

第 2 章

证券场外交易市场的理论基础

证券场外交易市场是证券市场之一种，证券市场的理论基础也适用于场外市场。本部分要探讨的，是证券场外交易市场区别于交易所市场（主板、创业板）的理论基础所在，从非对称信息理论、证券交易制度演进两个角度进行了分析。

2.1 场外与多层次市场研究述评

关于证券场外市场的研究，从国外文献来看，主要是有关交易所市场与 OTC 市场比较分析的论文，探讨交易机制等技术性问题，未涉及基本制度设计，而且时间较早，如罗格·尤匹森（Roger B. Upson）和鲍尔·詹萨普（Paul F. Jessup，1970）、斯蒂芬·布兹比（Stephen L. Buzby，1975）和布鲁诺·毕叶斯（Bruno Biais，1993）等。而且研究对象以纳斯达克为主，而纳斯达克自 1982 年后已向交易所市场靠拢，并最终于 2006 年注册为交易所。从国内来看，以事例性的分析、评论居多，如文宗瑜（1998）、张道宏（2000）、王国刚（2006）等，系统、深入研究的论文非常少。

作为多层次资本市场的组成部分，证券场外市场最直接的理论基础也应该来自多层次市场的有关理论。但遗憾的是，国外关于

“多层次资本市场”① 的理论研究尚不多见，因为在证券市场起源的成熟市场经济国家（最典型如美国），经过几百年的自然演进，资本市场本来就是多层次的，最先有场外交易市场，然后逐渐成立证券交易所，交易所与场外市场共同发展。到了 20 世纪 90 年代，在新经济的浪潮中，创业板兴起，资本市场的层次性更加丰富。换言之，在国外，多层次资本市场更多地是一个经验事实，将其作为专门对象的研究成果极为鲜见。

当然，国外没有专门研究并不等于这个问题不值得研究，恰恰相反，对我国来说，深入研究多层次资本市场问题极为必要和迫切。主要原因在于我国的证券市场制度是直接学习、借鉴成熟市场经济国家的产物，而且与整个经济体制的渐进式改革相类似，证券市场也是渐进式发展的。在交易所市场发展十多年之后，对我国是否推出、如何发展创业板和场外交易市场，都首先需要在理论和认识上加以明确。

---

① 迄今为止，笔者遍查国外文献，尚未找到与之直接相对应的国外名词。当然，纳斯达克（NASDAQ）内部本来就是分层的，即“Three - Tier Market Classification”；2007 年，美国粉单市场也设立层级，即“OTC Market Tiers”，但与我们通常所讲的多层次资本市场尚不能完全对应。当然，“多层次资本市场”可翻译为“Multi - Tier Capital Market”，但不属约定俗成的专有名词。

事实上，近年来，国内学者已经尝试运用现代经济学的方法，如信息经济学、投资学等相关理论模型，对多层次资本市场问题进行了较为深入的研究。典型的有王宣喻和储小平（2002）、史永东和赵永刚（2006）、陈露（2007）、滕军（2007）等，在此笔者作简要述评。学者们主要从三个角度对多层次资本市场进行了研究：

一是投资者需求的角度。由于投资者的异质性，需要建立多层次市场提供不同风险收益特征的产品以满足投资需求。如史永东等（2006）在安格沃和吴（Aggarwal and Wu，2002）股价操纵理论模型的基础上，建立了一个4时期模型，将投资者区分为智能投资者、操纵者和信息搜寻者三类，分析均衡状态下三类投资者的成本和预期利润，得出结论说，多层次资本市场通过提供更多的投资产品扩大了投资者的选择权，可以提高信息搜寻者的预期利润；同时多层次资本市场信息披露更加严格（指小型股市场的信息披露要求更严），将增加操纵者的操纵成本。

二是企业融资需求的角度。根据企业生命周期理论，企业具有不同的成长阶段，而相应的融资需求差异极大，处于生命周期初级阶段的企业外源融资较困难，成熟期的企业则能比较容易地获得股权或债权资金，因此需要多层次资本市场体系，原则上处在同一生命周期阶段的企业应划分在同一市场中。如史永东等（2006）建立模型进行了讨论，滕军等（2007）使用上海 122 家贷款在 3000 万元以上的非上市企业样本数据进行了实证检验。

三是多层次资本市场体系的角度。如陈露（2007）在斯奔尼克（Spenec A M，1972）关于劳动力市场等模型的基础上，建立了一个分离均衡模型，分析低风险的成熟类企业、高风险的中小型企业进入资本市场，同时加入市场群体的投资风险与投资回报变量，得出均衡状态时资本市场需要进行分层的结论。

当然，从宏观上来讲，多层次资本市场体系，必然包括场外交易市场。但是，上述关于多层次资本市场的研究，却绝大多数与场外市场无关。从投资者需求角度的有关研究看，主要结论在于多层次资本市场提供了不同风险收益特征的交易产品，然而这主要还是交易所市场的任务，在交易所市场内，通过发展 ETF、权证等衍生品来横向拓展产品线，或者推出创业板市场即可满足要求；

场外市场投资者结构与交易所市场显著不同，交易制度、功能定位差异更大，其提供、丰富交易品种的作用非常有限。而且多层次市场信息披露更严格的前提假设也不适用于场外市场，因为场外市场的信息披露要求远低于交易所市场。

运用分离均衡模型对多层次资本市场的直接研究的结论是，资本市场需要分层次，以将高风险、投资回报不确定的中小企业，与低风险、回报稳定的企业区分开来。这一研究显然有暗含的假设前提，即：分层后市场的交易制度、信息披露要求等基本一致，然而这同样是针对交易所的主板市场和创业板市场（或者中小企业板）而言的，也基本与场外交易市场无关。

与其他两种研究角度相比，企业融资需求角度的研究是最接近证券场外市场的。由于处在不同生命周期阶段的企业融资需求特征不同，成熟期的企业倾向于银行贷款、债券融资或主板上市融资；而初创和种子期的企业则倾向于股权融资，一般需要风险资本介入，并到创业板和场外市场融资。但不得不指出的是，经验事实显示，证券场外市场发挥的融资功能极为有限。以美国为例，电子公告板柜台市场（OTCBB）长期以来平均股价仅有 0.09 美元，多数公司能够融到的资金极其有限，粉单市场仅提供报价与转让服务，挂牌公司无法再融资。

证券场外市场的理论基础，除了可以从多层次资本市场得到部分推论外，需要进行其他视角的分析。本书主要从非对称信息理论、证券交易制度演进两个角度进行分析。

2.2 非对称信息理论模型分析

以下从中小企业融资的角度，运用信息经济学的有关理论，建立分析模型，讨论发展证券场外交易市场的必要性问题。

中小企业融资问题的关键在于信息不对称，即关于企业经营情况、财务资料、经理层能力等信息，在中小企业、资金提供方（银行、股权投资者、风险资本家等）之间的分布是不对称的，由于中小企业数量多、融资规模小，因而信息搜寻的成本很高，于是产生“逆向选择”，质量好的中小企业被混杂在质量差的企业中间，而金融中介又难以区分，所以总体上中小企业难以从大银行得到资金（这一点国内外都一样）。国外中小企业融资问题，主要是由中小银行（社区储蓄银行）、风险投资、私募发行等方式解决的，因为这些金融中介在消除信息不对称方面成本较低，从而能够将优质的中小企业区分出来，笔者认为，场外交易市场发挥的信息传递、多重博弈功能至关重要。以上就是本模型的主要理论。

2.2.1 模型与假设

1. 基本假设

（1）假设整个过程分为两个时期 t_1、t_2，有两个参与者：作为融资需求方的中小企业，资金供给方（包括中小银行、风险资本、股权投资者等）。

（2）中小企业自有资金 k，投资项目所需资金量为 w（w > k），资金缺口 w - k。

（3）中小企业未来的收益服从［0，θ］均匀分布，经理层知道 θ 的确切值，资金提供者仅知道中小企业属于 θ 的先验概率p(θ)。

（4）中小企业向资金供给方传递信号 χ（假设中小企业无发布虚假信息等欺诈行

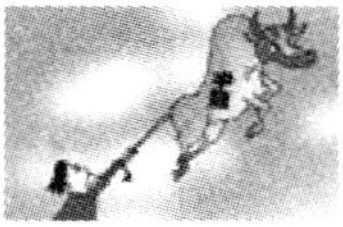

为），这个信号包括企业经营情况、财务报表、投资项目可行性分析等内容；资金供给方根据信号判断中小企业的预期利润。如果资金供给方为知情者，则可推断出中小企业的预期利润为 $\beta\theta(\chi)$；如果资金供给方为不知情者，则其推断出中小企业的预期利润为 $\frac{\theta(\chi)}{2}$，其中 $\theta(\chi)$ 为资金供给方不知情时推断出的中小企业最大利润，$\beta>0$；一般地，高质量企业 $\beta>0.5$，中等质量企业 $\beta=0.5$，低质量企业 $\beta<0.5$。

（5）中小企业的目标是最大化 t_1 期的利润和 t_2 期预期利润的加权平均：

$$u(x,\bar{\nu}(x),\theta)=(1-\omega)\cdot\overline{\nu_0}(x)+\omega(\theta\cdot p_s(\theta)-L_1\cdot p_1(\theta)-L_2\cdot p_2(\theta))$$

其中，$\overline{\nu_0}(x)$ 是中小企业发出信号 χ 时，企业在 t_1 期的利润，

ω 为 t_2 期中小企业预期利润的权重，$0\leqslant\omega\leqslant1$，

p_s 为中小企业在存续期内成功的概率，

p_1、p_2 分别为失败、经营一般的概率，$p_1=\chi/\theta\leqslant1$，

L_1 是中小企业在存续期内失败时遭受的损失（由于公式中用减号，故其为正值），L_2 是经营一般时的收益或损失，假设

其净值为0。

2. 信号博弈过程

（1）中小企业择机向资金供给方传递信号χ；

（2）资金供给方观察到中小企业的发出的信号χ后，使用贝叶斯法则对其先验概率$p(\theta)$进行修正，得出后验概率$\overline{p}\left(\frac{\theta_i}{\chi_i}\right)$，并据此推断中小企业的预期利润，假设为$\overline{\nu}(\chi)$；

（3）中小企业可以有选择性地发布信号（在不发布虚假信息的前提下），以使自己的效用函数最大化，即通过求：

$$\text{Max } u(x,\overline{\nu}(x),\theta)$$

得出最优值χ^*。

2.2.2 贝叶斯均衡

在信息不对称的情况下，资金供给方无法直接观察到中小企业的实际状况，只能根据中小企业发出的信号χ对其预期作出判断，于是，精炼贝叶斯均衡就意味着：

首先，中小企业发出信号χ；

然后，资金供给方根据信号χ得出后验

概率$\overline{p}\left(\frac{\theta_i}{\chi_i}\right)$，并推断出企业预期利润$\overline{\nu}(\chi)$，其目的是最大化自己的效用函数 u_B。

2.2.3 均衡结果分析

信号传递博弈会产生三种类型均衡：分离均衡、准分离均衡和混同均衡。分离均衡是指中小企业传递的信号能反映其真实类型，足以给资金供给方作出正确判断提供充分的信息与依据，这是最理想的均衡状态，不同类型的中小企业均能发出能反映其真实情况的信号；准分离均衡是指信号有所偏差，但能够基本反映中小企业的真实状况；混同均衡状态下，信号完全不能反映企业的真实类型，无法给资金供给方提供充分的判断信息，这种情形下，高质量的中小企业混杂在差企业群里，其结果是都难以得到所需资金。

关键的问题于是产生：什么条件能够使信号传递博弈达到分离均衡呢？至少也是准分离均衡而不是混同均衡呢？结论是只有场外交易市场才能使博弈达到分离均衡状态，即中小企业到场外交易市场挂牌。

那为什么不是银行融资、主板或创业板？主要原因在于：

（1）假定只有银行融资，这种情况下，中小企业向银行提供经营情况介绍、财务报表、项目可行性报告等文件，未来的盈利状况完全由中小企业自行预测，为了得到资金，中小企业一般都会倾向于夸大盈利预期，隐瞒不利的信息；而由于银行的专业、时间与成本等限制，缺乏消除信息严重不对称情况的有效手段，银行准确区分中小企业质量优劣的难度很大。其结果就是达不到分离或准分离均衡状态。

（2）中小企业普遍处于无盈利记录、发展前景不明等情况，难以达到主板上市条件，仅有极少数中小企业能到主板上市；部分中小企业会达到创业板上市要求。无论主板，还是创业板，中小企业的成本支出是很大的：发行注册费、承销费、审计费等等（创业板的成本支出一般小于主板）。由于中小企业到主板或创业板上市会受到严格的监管，其发出的信号对于资金供给方作出判断是充分的，中小企业既可以直接从资本市场获得资金，也可以很容易地从银行得到贷款。对于能在主板和创业板上市的中小企业来说，分离均衡是可以达到的；但是，达到主板和创业板上市条件的中小企业数量有限，绝大多数中小企业仍然难以达到分离均衡状态。

（3）对于中小企业来说，在场外市场挂牌与在主板、创业板上市相比，成本支出是非常低的，但是却能发挥其信号显示功能。场外市场挂牌一般需要一定的信息披露，而且是持续性的；即使有的场外市场无信息披露要求（如美国的 Pink Sheets 市场），但公司挂牌之后会产生明确的股权价格，价格信息中包含了股权持有人的专业知识、对企业盈利的预期等关键信息，从而为银行、风险资本提供了充分的信息。场外市场同时也可直接为中小企业提供融资，当然一般是通过私募发行或定向发行的方式，风险资本介入一般也是通过私募或定向。更加重要的是，在理论上所有的企业都可以到场外市场挂牌，从而使所有的中小企业在融资时能够达到分离或准分离均衡状态。

在分离均衡状态下，中小企业发出信号，资金供给者根据信号估计中小企业的预期利润$\bar{\nu}(\chi)=\dfrac{\theta(\chi)}{2}$。考察中小企业的目标：

$$
\begin{aligned}
u(x,\bar{\nu}(x),\theta) &= (1-\omega)\cdot\overline{\nu_0}(x)+\omega(\theta\cdot p_s(\theta)-L_1\cdot p_1(\theta)-L_2\cdot p_2(\theta)) \\
&= (1-\omega)\bar{\nu}(x)+\omega(\theta\cdot p_s(\theta)-L_1\cdot\frac{\chi}{\theta})
\end{aligned}
$$

对上式求关于χ、θ的偏导数，有：

$$\partial^2 u(x,\overline{\nu}(x),\theta)/\partial x\partial\theta = \partial u(\overline{\nu}'(x) - \omega\overline{\nu}'(x) - \omega L_1(x)/\theta)/\partial\theta = \omega\cdot L_1/\theta > 0 \quad (1)$$

由（1）式可以看出，θ越高的企业，其失败的可能性越小。将$\overline{\nu}(\chi)=\dfrac{\theta(\chi)}{2}$代入（1）式，有：

$$u(x,\overline{\nu}(x),\theta) = (1-\omega)\cdot\theta(x)/2 + \omega(\theta\cdot p_s(\theta) - L_1\cdot x/\theta) \quad (2)$$

对（2）式求导，整理后可得：

$$x(\theta) = \left(\frac{1-\omega}{4\omega L_1}\right)\cdot\theta^2 + C \quad (3)$$

其中 C 为常数。这就是中小企业的均衡战略，将（3）式进一步整理，并将$\overline{\nu}(\chi)=\dfrac{\theta(\chi)}{2}$代入，可得中小企业的收益表达式为：

$$\overline{\nu}(x) = \frac{\theta(x)}{2} = \left((x-C)\frac{\omega L_1}{(1-\omega)}\right)^{\frac{1}{2}} \quad (4)$$

上式表明资金供给者完全可以根据中小企业发出的信号，来判断企业的预期利润水平，而且质量高的企业，发出的信号能够被判断出高预期盈利。

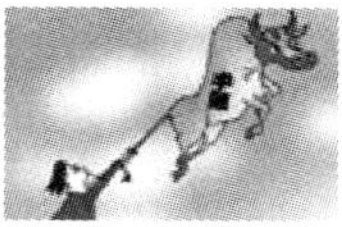

2.2.4 分析结论

为解决中小企业融资难问题，需要建立能够有效消除信息不对称问题的机制。由于成本高等原因，传统的商业银行模式无法解决；只有资本市场的信息披露、监管制度、股权定价功能能够实现有效的信号传导，将企业的真实质量反映出来，达到中小企业融资的分离均衡状态，即将质量高的中小企业与差企业区分出来。但是主板的上市标准过高，创业板容量有限，绝大部分中小企业将被排除在主板和创业板之外，于是需要发展场外交易市场，理论上可以将所有的中小企业纳入，从而实现中小企业融资的分离均衡状态。

2.3 证券交易制度演进的分析

新制度经济学认为，制度演进的基本驱动力就是降低交易成本，或者说，制度总是

朝着能够降低交易成本的方向演进。证券场外交易市场的发展与演变同样遵循这一规律。最初的场外市场由于缺乏规范，违约风险高、股票无定价基准，而且造假容易，最为致命的缺陷在于整个市场没有强有力的监督惩罚机制，这样整个市场的交易成本就很高，由此，能够降低交易成本的制度安排——证券交易所就应运而生。在证券交易所的运作中，由于实行会员制（最初的交易所全部是会员制），且报价信息公开透明，更为重要的是建立起了一种会员与投资者违约的惩罚机制，因而大大降低了整个市场的交易成本。

随着交易所市场的进一步发展，对于经济体中的许多企业来说，其交易成本也在不断上升，突出表现在：交易所的容量有限，其设置较高的上市标准，能够符合其要求的企业仅是经济体中的少数公司；而上市会发生承销费、审计费、手续费等各类费用，财务报表的公开透明也对企业产生了隐性的成本。于是，满足部分企业需求的、降低交易费用的、较低层次的市场——场外市场再次得到大发展。由此，交易所市场与场外市场共同发展，构成层次清晰完整的证券市场。

随着经济一体化和信息技术的迅猛发

展，证券场内与场外交易的界限在不断模糊，主要表现为交易组织方式不断变革，越来越多的场外市场交易所化。但是，证券场外市场的场内化是有边界的，如果不考虑政府管制的因素，这个边界用经济学语言表达，就是场外市场的场内化，将止步于场内化的边际收益等于边际成本，即：对市场组织者来说，场内化带来的利润增加，恰好抵消成本（组织成本、技术成本、监管成本等）的增加。

由于经济发展过程中公司形态的多样化，巨量中小企业的不断涌现，尽管证券场外、场内交易的界限正在模糊，但场外市场仍将长期存在下去。其主要原因在于：

第一，场外交易是股份公司的股权转让的自然形式，从股权转让的需求产生起，就有了产生证券场外交易的土壤，最初的证券市场就是场外交易市场。当然，零落、分散的场外交易尚不构成真正意义上的场外市场，需要将其进行组织化，并引入做市商、信息披露等制度。

第二，数量巨大的股份有限公司，没有必要也不可能全部纳入证券交易所内。对交易所来说，场外市场完全可以成为其附属的一个较低层次的市场，达到上市条件的公司，可以通过转板等方式实现交易所挂牌；而对企业来说，到交易所上市首先意味着成本费用支出，显然这不是所有企业都能够承受的，相当多的企业到交易所上市所得的收益远小于上市成本。

下面以美国为例，列表简要分析其证券交易制度演进历程（表2－1）。

表2－1　美国证券交易制度变迁分析简表

发展阶段	初始制度	制度变迁		变迁结果
		变迁诱因	实施主体	
1863年前	证券经纪人零售	①缺乏统一的行业规范，无定价基准；②交易场所不固定，违约风险高；③无监督惩罚机制。由于以上三方面原因，导致股票交易成本奇高	证券商	会员制证券交易所（包括纽交所和地区性交易所）相继成立
1904年	交易所与专业证券经纪商相结合的交易制度	收集分散的柜台市场价格信息并发布可带来收益	私人组织（全美报价局）	粉单市场成立，场外市场与交易所并行发展
1971年	分散的柜台交易市场	粉单市场仅提供统一报价，无信息披露要求及交易功能，因此柜台市场有统一的需求	全美证券商协会	柜台市场连通，全美证券商协会自动报价系统（NASDAQ）成立

续表

发展阶段	初始制度	制度变迁		变迁结果
		变迁诱因	实施主体	
1975 年	有组织的场外市场 NASDAQ	NASDAQ 成立之初接收了大量柜台市场股票，随后挂牌证券日益增多，优质公司与劣质公司难以区分	全美证券商协会	NASDAQ 规定挂牌标准，逐渐向交易所市场靠拢
1990 年	NASDAQ 与粉单市场并行发展	NASDAQ 规定挂牌标准之后，大量达不到标准的柜台股票通过粉单市场统一报价，但仍缺乏统一的监管与交易规范	美国证券交易委员会	在《芬尼股票改革法》的授权下，OTCBB 市场成立
1997 年	交易所与柜台交易市场并行发展	随着信息技术飞速发展，以及市场管制不断放宽，机构投资者绕开交易所，直接进行交易成本更低	美国证券交易委员会	SEC 颁布法令，确认将 ATS 区分为 ECN 及配对系统两类。且 ATS 均应登记为证券经纪自营商
1999 年	OTCBB 挂牌公司良莠不齐，大量劣质公司充斥其中	OTCBB 借助 NASDAQ 系统运作，但大量公司不披露信息，投资者也无法区分报价与上市真正区别	全美证券商协会，美国证券交易委员会	OTCBB 挂牌公司必须向 SEC 注册，披露相关信息，OTCBB 市场层级提升

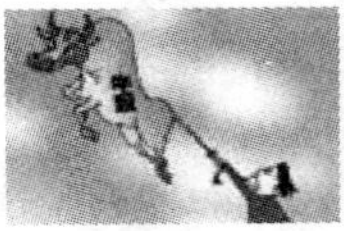

续表

发展阶段	初始制度	制度变迁		变迁结果
		变迁诱因	实施主体	
2006 年	作为创业板市场的 NASDAQ	大量挂牌公司成长壮大（如微软），市场定位需调整	全美证券商协会	NASDAQ 注册为交易所，并设立全球精选板块，力图逐渐摆脱创业板市场形象
2007—2008 年	作为最低层场外市场的粉单市场	粉单市场规模扩大，其中不乏优质公司，但区分模糊	粉单市场公司（Pink Sheets LLC）	粉单市场根据公司信息披露情况，内部分层次

资料来源：根据公开资料分析整理。

第 3 章

证券场外市场发展的国际经验（一）

境外证券场外交易市场发展历史悠久，最早的证券市场就是场外市场，交易所出现之后，场外市场与场内市场共同发展，场外市场由零落、分散交易逐步发展到组织化。从本章开始，拟用两章的篇幅探讨场外市场发展的国际经验。本章主要分多层次资本市场与场外市场的关系、场外市场的基本功能、境外场外市场的发展现状三个部分。

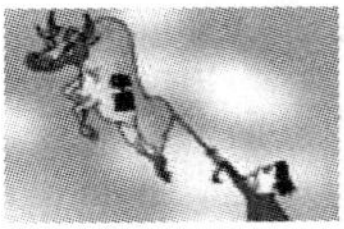

3.1 多层次资本市场与场外市场

多层次市场是资本市场按照结构化主线发展的结果之一。以结构化的视角来看，多元化和层次化是资本市场发展的两条主线：一是以产品为主线的横向拓展，可分为股票市场、债券市场、基金市场以及衍生品市场等；二是在同一类产品（主要是股票与债券）内的纵向分层，于是就有多层次资本市场。多层次资本市场以大的层次区分，主要包括主板、创业板、场外交易市场三个层次。从发达国家与新兴市场经济国家与地区的情况来看，各国（地区）多层次资本市场体系的发展演变与具体分层有所不同，同时，各层次的市场在发行上市标准、交易制度、信息披露制度等方面有明显区别。下面分别以美国、日本、韩国、中国台湾为例，分析其多层次资本市场体系的基本情况。

3.1.1 美国多层次资本市场体系

美国的证券市场分层在交易组织形式、地理空间维度上同时展开，形成了三大层次的金字塔型证券市场体系。分别是：第一层的全国性证券交易所，包括纽约证券交易所（主要面向大型成熟企业的蓝筹股市场）、纳斯达克（主要面向成长型企业）和美国证券交易所；第二层的区域性交易所；第三层的场外交易市场，包括电子公告板柜台市场（OTCBB）、粉单市场（Pink Sheets）和私募证券交易市场（PORTAL）。如下图 3－1 所示。

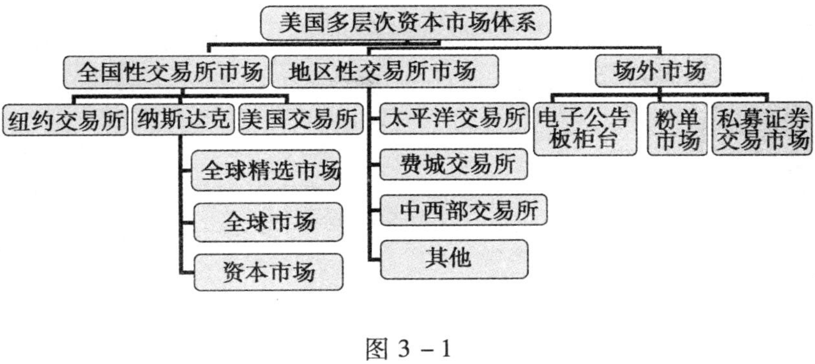

图 3－1

第一个层次的纳斯达克市场（NASDAQ）内部又有分层。2006年前，纳斯达克内部分为三个子层次：全球市场（Global Market）、全国市场（National Market）、小型资本市场（Small - Cap Market）。纳斯达克于2006年初向美国证券交易委员会注册为交易所，随后调整了其内部分层结构，力图摆脱创业板市场的形象，调整后的三个子层次分别为：第一层全球精选市场（Global Select Market），是纳斯达克最高端的市场板块，上市财务标准目前为全世界最高；第二层全球市场（Global Market），由国际化公司组成；第三层资本市场（Capital Market），由新兴和成长型公司组成，主要为中小企业提供融资机会。

美国多层次市场体系中第三个大层次的场外交易市场，又可细分为三个子层次：第一子层次为全国性的公开报价系统，包括电子公告板柜台市场（OTCBB）和粉单市场（Pink Sheets）。电子公告板柜台市场（OTCBB，Over - The - Counter Bulletin Board）是美国金融业监管局（the Financial Industry Regulatory Authority，简称FINRA）管理的一个电子报价系统，根据《1990年芬尼股票改革法》（Penny Stock Reform Act

of 1990）设立，为 3400 多只场外交易股票提供实时报价、最后一笔成交价和成交量等信息。粉单市场早在 1904 年就出现，由私营机构全美报价局运营，早期为 2400 余家公司提供交易信息服务，后报价公司扩展到 6000 多家；2007 年，粉单市场建立内部分层制度（OTC Market Tiers），根据报价公司的信息披露质量分为 6 个层次；2008 年，粉单市场更名为粉单 OTC 市场（Pink OTC Markets）。

场外交易市场的第二个子层次为地方性柜台交易市场。美国有大致 10000 余家小型公司的股票仅在各州发行，并且通过当地的经纪人在地方性柜台交易市场进行柜台交易。这些公司是根据《美国证券法》D 条例中的发行注册豁免条款发行的股份，即各州内的小额发行公司股份。

场外交易市场的第三个子层次为私募证券交易市场（PORTAL，Private Offering Resale and Trade through Automated Linkages）。私募证券交易市场根据美国 1990 年颁布的 144A 规则设立，是由全国交易商协会（NASD）运营且仅限于机构投资者参与的市场，仅交易发行未满一年或两年的私募证券，可显示交易证券的基本信息和价格。机构投资者和经纪商可通过终端和私募证券交易市场系统相连，进行私募证券的交易。

场外交易市场作为最基础的证券市场层次，尤其是电子公告板柜台市场和粉单市场这样的股权公开转让市场，一方面为大量达不到交易所上市条件的公司提供了挂牌转让的场所，发挥了股权转让、适度融资的功能；另一方面，也为交易所市场（主要是创业板）培育上市资源，起到创业板市场蓄水池的作用。而私募证券交易市场在增强私募证券的流动性方面发挥了重要作用。由上述三个大的层次结构构成的证券市场体系，为全美3万家左右的公司提供不同程度的服务。

3.1.2 日本与韩国的交易所内部分层模式

日本、韩国资本市场的分层最初均模仿美国模式，但在后来的发展演变中，基于本国经济和市场的实际情况，逐渐形成交易所内部分层的突出特征。

1. 日本多层次资本市场

日本证券市场包括全国性交易所、地区性交易所及场外市场三个大的层次，全国性交易所内部又进一步分为三个层次。日本原来有八个证券交易所，目前经过合并、联合及新设，形成东京、大阪、名古屋、福冈、札幌五个交易所（大阪与 JASDAQ 于 2010 年 4 月合并），其中，东京、大阪为全国性交易所，其他为地区性交易所。场外市场为绿单市场（Green Sheet Market）。具体见图 3－2 所示。

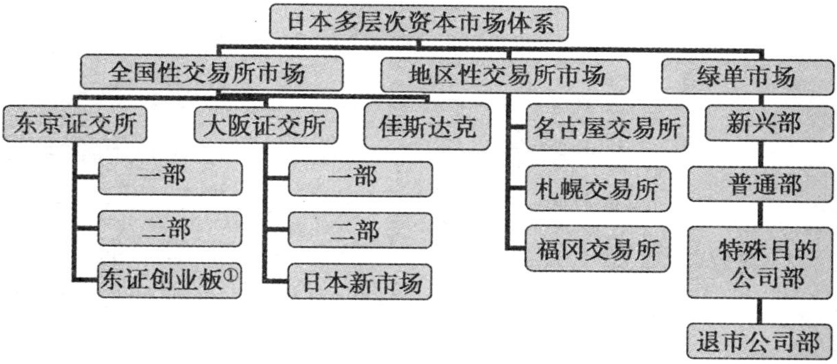

图 3－2

东京、大阪证券交易所均设立了二部市场与创业板（东京交易所的 Mothers，大阪交易所的 Hercules 均为创业板），因此这两个交易所内部又分为三个层次：第一层：一部市场，即主板市场，具有较高的上市标准，主要为大型成熟企业服务；第二层：二部市场，上市标

① 东证创业板（Market of the high－growth and emerging stocks，简称 Mothers，也可翻译为“东证高成长新兴股票市场”）。

准低于第一部市场，为具有一定规模和经营年限的中小企业和创业企业服务；第三层：创业板，上市标准低于第二部市场，为处于初创期的中小企业和创业企业服务。

佳斯达克（JASDAQ）于1991年建立，原为日本证券业协会（JASD）借鉴美国纳斯达克（NASDAQ）设立的日本证券经纪商自动报价系统。2004年底，佳斯达克（JASDAQ）获准升格为证券交易所。初期的JASDAQ内部也分为两个层次，第一层为第一款登记标准市场，为登记股票和管理股票服务，所谓登记股票是指发行公司符合日本证券业协会订立的标准，申请并通过该协会的审核，到JASDAQ挂牌交易的证券；管理股票是指下市股票，或未符合上柜标准，经协会允许在JASDAQ受更多限制得以进行交易的股票；第二层为第二款登记标准市场，为特则（青空，绿单市场）股票服务。特则股票是指未上市、上柜的公司，但经券商推荐有成长发展前景的新兴事业股票。2004年之后，JASDAQ的第二层次移至专门的场外市场。

1997年日本进行金融大改革，废除了证券交易集中在交易所的规定，认可上市企业的场外交易，明确规定了场外交易制度与证券交易所上市制度平行，场外市场的法律地位和功能被强化。同年 7 月绿单市场（Green Sheet Market）规划成立，专为小规模公司以及退市公司提供挂牌转让、小额快速融资的平台。

绿单市场内部又分为四个层次：新兴部、普通部、投资信托/特殊目的公司（SPC）部和退市公司部。其中，新兴部挂牌公司主要为风险投资公司及有成长潜力的公司，普通部挂牌公司则为一般公司。不同层次的市场对挂牌公司的信息披露等要求也有区别。投资者投资绿单市场须通过 PTS（Proprietary Trading System）交易系统向证券公司买卖股票。

2. 韩国多层次资本市场

韩国的资本市场分层最初效仿美国模式，韩国证券交易所（KSE）与科斯达克（KOSDAQ）分别服务于大型蓝筹企业和创业型企业。2005 年 1 月，韩国证券交易所、科斯达克及韩国期货交易所（KOFEX）合并，成立韩国交易所（Korea Exchange，KRX）。合并后的韩国交易所变成了交易所内部分层，向日本模式靠近。韩国资本市场分为两个层次：韩国交易所与场外市场。

第一层次为韩国交易所，内部股票市场又分为两个层次：证券市场部和科斯达克部。证券市场部为主板市场，服务于大型企业，2008 年底挂牌公司 763 家；科斯达克部为创业板市场，服务于成长型创业企业，1996 年 7 月由韩国证券交易商协会发起，成立后发展很快，2008 年底挂牌公司达到 1036 家，远超主板市场。

第二层次为场外柜台交易市场，为不符合交易所上市条件的公司、交易所退市公司提供股票转让服务。2000 年 3 月，韩国证券交易商协会将场外市场组织化而设立韩国电子公告板柜台市场（Korea Over – the – Counter Bulletin Board，简称 KOTCBB），2002 年高峰时挂牌公司达 187 家；2005 年，将柜台交易市场改为自由板（Free Board），取代 KOTCBB。2008 年年底挂牌公司 70 家(图 3 –3)。

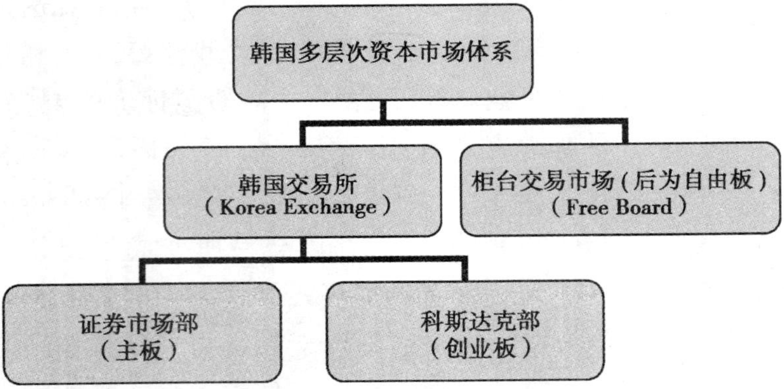

图 3 –3

3.1.3　中国台湾多层次资本市场

我国台湾地区的资本市场分层效仿美国模式，以股票风险特征为主进行分层，而且主要是在股票的交易组织方式上进行，分四个层次：

第一层次：台湾证券交易所。服务于大型蓝筹股企业，虽然内部也分设科技型企业板，但上市标准较高。2009 年底共有 741 家企业挂牌交易。

第二层次：证券柜台买卖中心。服务于规模较小的成长型企业，被业界称为“台湾的 NASDAQ”，1988 年由台北市证券商同业公会设立，1994 年台湾证期会将其改制为财团法人注册的台湾证券柜台买卖中心。2009 年底共有上柜公司 546 家。

第三层次：兴柜市场。为公开发行但未上市的公司提供交易场所，是上市或上柜的预备交易场所。2002 年 1 月成立，由柜台买卖中心代管，称为“台湾的 OTCBB”。2009 年底交易 223 家公司。

第四层次：盘商市场。既未上市也未上柜的股票交易场所，在兴柜市场成立之前就长期存在，交易是通过盘商为中介进行的，

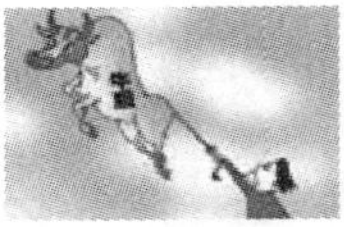

因此也称为盘商交易。所谓盘商，是特指那些专门从事未上市股票交易经纪业务的机构，由于其未获得监管当局的正式特许，因此这类交易在法律上属于灰色地带，对这类交易长期以来既无监管也无统计。尽管兴柜市场发展之后，盘商市场有所萎缩，但并未禁绝，仍然以各种形式继续存在（图3－4）。

其中，第三层次的兴柜市场和第四层次的盘商市场，共同构成中国台湾地区的证券场外市场。

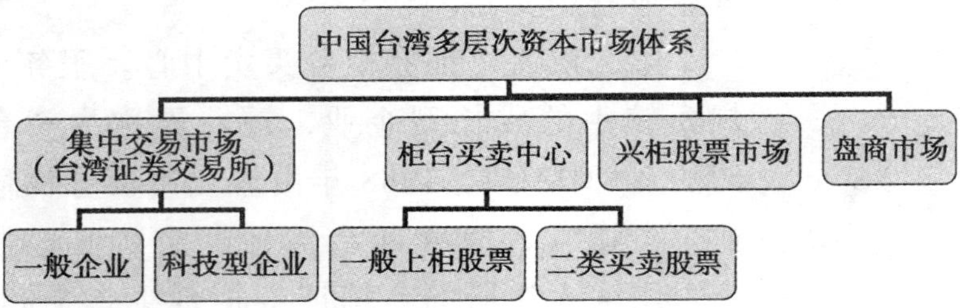

图3－4

3.2 证券场外交易市场基本功能

证券场外交易市场与交易所市场一样，也具有证券市场的基本功能。证券市场的基本功能是资源配置，即通过投资银行等中介机构，在资金需求者与资金供应者之间搭建桥梁，以市场化手段将资源配置到有发展潜力的企业，此外，证券市场还具有经济晴雨表、财富分配、提供激励手段等功能。

证券场外市场的挂牌公司主要来源于交易所退市公司、达不到交易所上市条件的公司以及不愿上市的公司等，因此与交易所市场相比，场外市场的功能表现有差异，具备基本的资源配置功能，但部分功能（例如融资功能）有所弱化，场外市场主要功能表现如下：

3.2.1　股份报价转让功能

公司通过在场外交易市场挂牌，其股份（即股票）公开报价，可以使股票在潜在投资者与持有者之间转让买卖，实现挂牌公司股票的价格发现功能。

公司在场外市场挂牌后，一般由做市商给出股票的初始报价，投资者根据公司披露的信息，分析行业状况、公司经营业绩等，对公司股票价值进行估算，决定是否买入或卖出股票，影响了股票的供求关系，价格也会发生相应的变动，从而公司价格中就反映

了投资者的预期。也就是说，公司挂牌进行信号显示，投资者通过信息收集、分析，形成估值，再以买卖行为反映到价格上去，这就实现了股份的报价转让功能。

股份报价转让功能对交易所退市公司异常重要，场外市场提供的报价转让平台，能够形成市场化的股价，满足退市公司股东的股票转让需求。例如，电子公告板柜台市场和粉单市场承接了大批从纽约交易所、纳斯达克退市的公司，据有关学者（James Angel 等，2004）统计，1999—2002 年间，纳斯达克 1260 家被强制退市的公司中有 1098 家到电子公告板柜台市场或粉单市场报价转让；韩国交易所退市公司的大多数也进入场外市场 Free Board 挂牌交易。

3.2.2 形成公司控制权市场

场外市场挂牌公司除了给予普通投资者以投资机会外，其他企业可以通过购入场外交易市场挂牌的目标公司股权，以达到产业整合、并购重组的效果，因而形成公司控制权市场。

挂牌公司通常需要披露经营信息，这就为同行业其他企业或者产业上下游的企业提

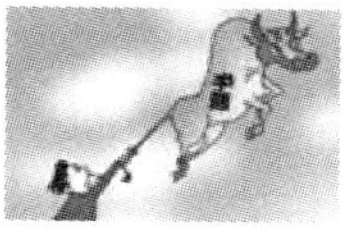

供了机会。如果市场的重置成本较高，即通过实业运作进行扩张的成本，高于并购挂牌企业股权的成本，则企业就会通过买入控股权的方式实现扩张。还有一种情况，当挂牌企业价值被严重低估时，即使进行产业整合的效应不大，实业资本也可能购入控股权，再将优质资产注入，从而实现借壳挂牌，并进而转板到交易所上市。2001—2005 年境内股票市场低迷时期，曾有几家境内企业通过反向并购电子公告板柜台市场挂牌公司股权，实现借壳并最终成功转板到交易所市场。例如：

案例 1——中国能源技术公司（CESV. OB），2004 年 6 月 30 日在电子公告板柜台市场借壳，2004 年 12 月 3 日成功转板纳斯达克，2005 年 8 月，市值达 2.28 亿美元。

案例 2——北大科兴生物（SVA），2003 年 9 月与电子公告板柜台市场壳公司合并，2004 年 12 月转板美国证券交易所（AMEX），2005 年 8 月，市值达到 1.06 亿美元。

3.2.3　适度的融资功能

公司在场外市场挂牌之后，投资者在预期驱动下实施买卖行为从而形成股票价格，公司就可以根据股票价格进行相应的融资活动，这就是场外市场的融资功能。但是从境外市场的情况来看，场外市场的融资功能比较有限，主要原因有二：一是场外市场质地好的公司不多，绝大多数公司资质较差，投资者认购新股的意愿极弱，因而无法融资；二是能够融资的公司一般通过私募方式募集资金，且由于公司股价较低，募集到的资金金额有限，这也制约了融资功能的发挥。

以美国为例，粉单市场仅提供报价与转让服务，挂牌公司无法以公开方式再融资；电子公告板柜台市场具备一定的融资功能，挂牌公司可以通过公开或私募方式再融资。具体来讲，电子公告板柜台市场挂牌公司的融资方式有以下几种：配股、增发、私募以及其他（SEC）豁免的资金募集方法如州内发售和小资本发售，其中，配股、增发必须通过美国证券交易委员会的批准，而私募豁免于美国证券交易委员会批准。

私募融资对象仅限于机构投资者、富有个人投资者和美国以外的海外投资者。私募金额无限制性规定，但美国证券交易委员会规定 3 个等级的私募金额，分别为 100 万美元以下、500 万美元以下和无限额私募。其中对于无限额私募，要求资本募集者对投资人提供和展示相关的审计文件和其他详细的财务报告。私募投资者在一年内不可以将股权在市场上销售，但可以进行私下交易，私下交易豁免于美国证券交易委员会批准。如投资者希望在市场上销售其股票，必须全额持有一年以上，并申报 144 表格。

能在电子公告板柜台市场上实现融资的公司屈指可数。电子公告板柜台市场挂牌公司的主要融资渠道是定向私募或者增发，而美国相关法律法规对超过 100 万美元的私募有较多限制。另外，由于电子公告板柜台市场挂牌公司平均股价[①]较低，仅约为 0.09 美元，多数公司通过增发筹集到的资金也非常有限。真正能够通过电子公告板柜台市场实现融资的多为借壳挂牌的公司，且主要是美国境外公司在电子公告板柜台市场借壳，例如：

案例 1——沈阳天威药厂（AXJ），2003 年 4 月通过电子公告板柜台市场借壳，2003 年 8 月、12 月，先后增发融资 1375 万美元、500 万美元。

案例 2——哈尔滨三乐科技（AOB），2002 年以净资产 600 万美元在电子公告板

---

① 据统计，截至 2009 年底，电子公告板柜台市场有 83.4%（2825 只）的挂牌公司股价低于 0.5 美元。

柜台市场成功借壳，此后两年之内多次私募融资合计约2000万美元。

在美国电子公告板柜台市场借壳进而能够快速、小额融资的示范效应下，近年来中国境内中小企业赴电子公告板柜台市场借壳的数量连续增长，据美国交易流媒介（Deal Flow Media）公司统计，2006年有53家中国企业在电子公告板柜台市场借壳挂牌，2007年达到111家。

当然，未来中国本土的证券场外市场进一步发展之后，如果中国经济在较长时期内维持高速或较高速增长，上市资源丰富的状况将继续存在，在交易所市场容量有限的因素制约下，场外市场挂牌公司的整体质地将远高于境外场外市场的挂牌公司，所以未来中国场外市场的融资功能很可能强于境外的场外市场。

3.3 境外证券场外市场发展现状

作为证券市场的重要组成部分，境外各国（地区）的场外交易市场在承接交易所退市公司、为创业板甚至主板市场培育上市资源、提供股份报价转让平台、为创业资本和风险投资提供退出渠道等方面发挥了积极的作用。境外场外市场的挂牌公司数量、市值非常可观，例如：截至 2009 年底，美国的电子公告板柜台市场和粉单市场两个场外市场的挂牌公司合计约有 9000 家，远远超过主板与创业板市场挂牌公司数量。下面以美、日、韩、中国台湾为例介绍境外主要场外市场的发展现状。

3.3.1　美国场外市场发展现状

近年来，美国粉单市场的发展势头超过电子公告板柜台市场，2008 年粉单市场更名为粉单 OTC 市场，且根据公司信息披露质量实现内部分层次发展，并在 2010 年成为美国 SEC 按 ATS 规则正式监管的市场。私募证券市场近年来发展势头良好，根据 144A 规则募集的权益与债务资本在 2006 年首次突破 1 万亿美元。需要指出的是，2008 年美国次贷引发金融危机，股票场外市场所受的影响较小，危机前后场外市场基本情形未发生根本性变化（表 3－1）。

表 3－1　美国各层次证券市场情况（截至 2009 年年底）

市场层次	纽约证交所（NYSE）	纳斯达克（NASDAQ）	电子公告板柜台市场（OTCBB）	粉单市场（Pink Sheets）
挂牌公司家数	3164 家	2852 家	约 3400 家	5600 家
市值（亿美元）	11.84 万	3.24 万	约 2.5	NA
年成交额（亿美元）	17.78 万	28.95 万	约 200	1350

数据来源：根据各交易市场网站数据整理，私募证券交易市场无公开的详细数据。

1. 电子公告板柜台市场（OTCBB）：定位有待进一步明确

电子公告板柜台市场于 1990 年 6 月开始运作，是在美国证券交易委员会的支持下设立的证券场外电子报价系统。电子公告板柜台市场负责收集并发布场外交易股本证券的实时报价、最新成交价及成交量信息。成立初期基本无任何挂牌条件，只要有做市商推荐并负责做市即可挂牌，大量粉单市场股票到电子公告板柜台市场报价，1997—1999 年间电子公告板柜台市场有 6600 多只股票，当然，这些股票都是“芬尼股票”（Penny Stock），公司资产规模小且股价低。

1999 年 1 月，电子公告板柜台市场要求挂牌公司必须向美国证券交易委员会注册，接受美国证券交易委员会的持续信息披露及其他监管，导致约有一半的股票被除牌，其中大部分转到粉单市场挂牌。截至2009 年年底，电子公告板柜台市场挂牌证券共 3398 只，做市商 147 家，平均每只证券约有 7 家券商负责做市。

由于电子公告板柜台市场受到较多的监管，因此目前阶段电子公告板柜台市场仍然是美国场外市场中的最高层次，但其近年来的发展势头受到粉单市场的挑战，市场定位和发展策略有待于进一步明确。

2. 粉单市场（Pink Sheets）：内部分层，势头强劲

粉单市场被美国证券交易委员会视为非独家证券信息提供商，专为芬尼股票（低价股）和其他不在交易所上市的股票提供报价信息，包括股票名称、做市商及其电话、买卖报价。1999—2000 年间，大批公司自电子公告板柜台市场转到粉单市场，粉单挂牌公司从 1000 余家增加到 4000 余家。2007 年，粉单市场建立内部分层制度（OTC Market Tiers）。2008 年，粉单市场更名为粉单 OTC 市场（Pink OTC Markets）。粉单市场的内部分层依据是报价公司的信息披露情况，按照信息披露质量由高到低分为

6 个层次，分别为：

（1）OTCQX[①]：具有良好管理的市场，允许公司选择较高的信息披露标准，致力于打造场外市场的最高层次，为打算升板到纳斯达克（NASDAQ）、纽约证券交易所（NYSE）的公司创造条件。收费较高，申请挂牌费 5000 美元，每年维持费 15000 美元。已经吸引了一批世界级公司在此挂牌，包括阿迪达斯（Adidas）、沃尔玛（Walmart）、安联（Allianz）、法航（Air France）等公司。

（2）PB 市场[②]（粉单市场、电子公告板柜台市场）：专为已在电子公告板柜台市场挂牌的公司提供报价服务，即粉单与电子公告板柜台市场交叉挂牌的板块。

（3）粉单市场—及时信息（Pink Sheets Current Information）：这一层次市场是美国证券交易委员会“报告公司”，即根据美国证券交易委员会要求披露信息的公司，以及银行等金融机构，并且符合粉单市场充分披露要求又有律师信指导的公司。

（4）粉单市场—有限信息（Pink Sheets

---

① 柜台交易市场高级板（Over－The－Counter QX，简称 OTCQX）。

② 电子公告板柜台公司的粉单报价（Pink Quote OTCBB，简称 PB 板块）：专为已在 OTCBB 挂牌的公司提供报价服务，即粉单与 OTCBB 交叉挂牌的板块。

Limited Information）：该层市场既有美国证券交易委员会“报告公司”，也有非报告公司，后者必须发布资产负债表、利润表、过去 6 个月的流通股数量。

（5）粉单市场—无信息（Pink Sheets No Information）：超过 6 个月无信息披露的公司以及无法或不愿进行信息披露的公司。

（6）买者自负市场（Caveat Emptor）：该层次市场的挂牌公司需要公众谨慎对待，这些公司不仅无任何信息披露，而且可能涉及可疑的股票宣传、涉嫌欺诈等行为，该层次市场名称“Caveat Emptor”即为“一经售出、概不退换”之意，以此警示投资者。

除一部分外国公司外，在粉单各层次市场挂牌的公司多为股东人数少、资产规模小、交易量小和股价低的公司。截至 2009 年年底，粉单市场挂牌公司数量为 5600 家左右，另外还有 3000 多家公司同时在电子公告板柜台市场和粉单市场挂牌报价。2010 年，粉单 OTC 市场成为美国证券交易委员会按照 ATS 规则正式监管的市场。

3. 私募证券交易市场（PORTAL）：势头良好，技术升级

1990 年，美国证券交易委员会颁布 144A 规则后，全美证券交易商协会

(NASD) 建立了具备交易和信息发布功能的电脑化私募证券交易市场系统，私募证券交易市场的技术系统由纳斯达克市场负责运营。该系统只有合格机构认购者（QIBs）和合格的交易商和经纪人可以进入，仅交易不需向美国证券交易委员会注册的受限证券。这一市场为原本考虑以传统方式进行首次公开募股的企业提供了一个新的选择，企业可以更快、更简单且成本较低地获得资本。

美国私募证券市场发展势头良好。2002—2007 年，根据 144A 规则募集的权益与债务资本增长了 3 倍，并在 2006 年首次突破 1 万亿美元。仅在 2007 年上半年，全球范围内募集的 144A 权益与债务资本接近 1 万亿美元，同期增长了 43%。2006—2007 年，通过私募证券交易市场募集资本的公司包括阿迪达斯、中国银行、俄罗斯石油公司、三星和印度 UTI 银行等知名企业。

2007 年 8 月，美国证券交易委员会批准了纳斯达克股票市场公司推出的 144A 股票集中交易与议价系统。该平台基于网络并完全自动化，通过集中式电子系统来展示和了解 144A 股票交易意愿。这一新的私募证券交易市场系统向所有符合要求的用户开放，并将逐步引入债务证券交易。

3.3.2　日本场外市场发展现状

目前阶段，日本的证券场外市场是绿单市场（Green Sheet）。绿单市场是 1997 年 7 月，日本证券商协会参照美国粉单市场而设立的，绿单市场填补了佳斯达克（JASDAQ）推出后日本 OTC 市场的空白。该市场为小规模公司提供挂牌转让服务。初期绿单市场证券仅仅通过证券公司营业部柜台进行挂牌转让，2003 年 7 月，PTS（Proprietary Trading System）交易系统开通，绿单市场投资者可通过该系统进行跨区域、跨证券公司的交易（表 3－2）。

表 3－2　日本各层次证券市场情况（截至 2005 年年底）

市场层次	东京交易所	佳斯达克（JASDAQ）	绿单市场（Green Sheet）
挂牌公司数	2351 家	956 家	82 家
总市值（亿日元）	5397395.08	193111	632.56
成交金额（亿日元）	4920851.56	195391	27.97

数据来源：根据各交易市场网站数据整理。

1. 绿单市场内部层次及定位

绿单市场内部分为四个层次：新兴部、普通部、投资信托/特殊目的公司部和退市公司部，其中普通部是2004年新设立的板块。各层次市场定位如下：

（1）新兴部（Emerging Section）。新兴部证券是指管理券商（Handling Member）按照《绿单市场规则》第七条规定对公司审查后，得到证券业协会批准后挂牌的证券。该层市场为具有成长潜力的企业提供融资与交易服务。新兴部的信息披露要求比其他三个层次要更加严格。管理券商应每两年一次检查挂牌公司，如不再符合新兴部要求则将被转为普通部。

（2）普通部（Ordinary Section）。普通部证券也是管理券商按《绿单市场规则》第七条规定对公司审查后，经证券业协会批准后挂牌的证券。与新兴部相比，普通部证券的条件要宽松得多，一般不符合新兴部条件的证券被归入普通部。

（3）投资信托/特殊目的公司部（Investment Trust/SPC Section）。投资信托/特殊目的公司部证券是指绿单市场交易的投资性证券或优先股权类证券（其中SPC是Special Purpose Company的缩写），例如房地产投资信托基金（REITs）等。该层次证券挂牌也需要管理券商审查后报经证券业协会批准。

（4）退市公司部（Phoenix Section）。该层次证券是指公司退市后申请到此挂牌交易的证券，也须管理券商推荐并报经协会批准，同样应遵守《绿单市场规则》的相关规定。

2. 绿单市场规模与功能表现

绿单市场的挂牌公司数量比较少，且新挂牌与摘牌较为频繁，这是日本证券市场区别于美国市场的一个重要特征。美国的多层次证券市场呈现典型的金字塔型，即大规模的场外市场挂牌公司构成底层；而日本市场则是倒金字塔型，即场外市场挂牌公司数量远远小于交易所上市公司。

绿单市场新兴部与普通部挂牌公司数量在 2000—2005 年间呈增长态势，从 15 家增加到 82 家，随后缩减，到 2009 年减少到 64 家。2005 年前，新增挂牌公司主要在新兴部，2005 年以后则主要到普通部挂牌。

从挂牌公司的经营业绩来看，2007 年度绿单市场 75 家挂牌公司（其中新兴部和普通部分别为 39 家、28 家）中，净利润为正的公司 46 家，占比 63%，净利润超过

3000 万日元的公司 17 家，占比 12%；75 家公司中的 12 家进行了股利分配，占比 16%。从交易量看，绿单市场股票交易量波动幅度较大，2006 年达到历史高点 31 亿日元，2007 年骤降至 11 亿日元，受金融危机影响，2008—2009 年度交易量继续萎缩。

绿单市场具备较强的融资功能，据统计，绿单市场平均可为每家新挂牌公司融资约 7000 万日元，成长性较好的中小企业可选择在挂牌前以直接融资方式向公众融资。

3. 绿单市场的投资者准入

鉴于绿单市场风险较大，该市场实行投资者准入制度。绿单市场要求各参与证券经纪公司制定各自的交易门槛，对投资者的经验、资金实力等进行评价，评价后符合门槛的投资者须与证券公司签订委托转让协议书。

对于首次进入绿单市场的投资者，代理经纪业务的证券公司必须进行充分的风险提示，使用明确、易懂的语言向投资者解释绿单市场的性质、交易机制、信息披露方式、投资风险等事项。在此基础上，证券公司须从投资者处取得特定格式的关于绿单证券交易的《书面确认函》，以确认投资者具备相应的投资能力和风险承受能力。

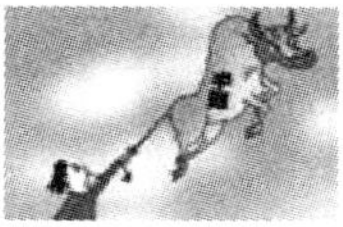

3.3.3　韩国场外市场发展现状

韩国目前的场外交易市场是 Free Board。这一市场起源于 2000 年 3 月韩国证券交易商协会设立的柜台市场 KOTCBB（Korea Over - the - Counter Bulletin Board），KOTCBB 主要为达不到韩国证券交易所、科斯达克上市或上柜标准的公司、退市公司以及新兴产业公司提供挂牌转让股票的场所。该市场信息披露制度较交易所宽松，交易制度实施报价协议转让。2005 年，韩国以 Free Board 市场取代 KOTCBB，但 KOTCBB 的基本制度仍然沿袭下来。

韩国柜台交易市场自成立以来，市场规模呈逐渐萎缩态势。挂牌公司 2000 年有 129 家，2002 年达最高峰 184 家，随后逐年减少，至 2008 年仅有 70 家，其总市值、成交量等指标也相应趋减。初步分析其原因，可能有三点：一是柜台市场挂牌公司大批转板到交易所上市；二是韩国交易所上市公司发展良好，退市公司不多；三是柜台市场功能未能充分发挥，对未上市公司的吸引力不足（表 3－3）。

表 3－3 韩国柜台市场 2000—2008 年主要数据

年份	挂牌公司数量（家）	总市值（10 亿韩元）	成交金额（10 亿韩元）
2008	70	5735.5	31.8
2007	54	457.4	42
2006	56	417.9	19
2005	62	440.6	18.7
2004	69	384.8	10.2
2003	107	1080.3	17.2
2002	184	1375.3	58.5
2001	175	1291.5	84.1
2000	129	1029.0	122.7

数据来源：韩国金融投资协会（www.ksda.or.kr）。

根据韩国金融投资协会的数据，截至 2008 年年底，Free Board 挂牌公司有 70 家，总市值 57355 亿韩元，均远低于韩交所主板、创业板。如果将韩国的多层次市场与美国、日本作一番比较，则不难发现，以各层次市场总市值、成交金额指标衡量，韩国与美国、日本的多层次市场类似，均呈倒金字塔型。

但如果以各层次市场的公司数量比较，韩国的多层次市场呈现出一些与美国、日本市场不同的特征，美国市场为金字塔型，日本市场为倒金字塔型，而韩国市场为“陀

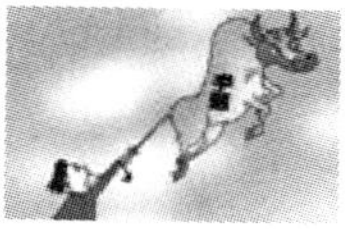

螺型”，即作为中间层次的创业板市场挂牌公司数量远超其他市场层次，但韩国有一点与日本相似，即场外市场公司数量极少。韩国各层次市场主要指标比较如表 3－4 所示。

表 3－4　韩国各层次证券市场情况（截至 2008 年年底）

市场层次	韩交所主板	韩交所 KOSDAQ 部	Free Board
挂牌公司数	763 家	1036 家	70 家
总市值（十亿韩元）	576887.5	46124.6	5735.5
成交金额（十亿韩元）	1287031.7	308077.0	31.8

数据来源：韩国金融投资协会（www. ksda. or. kr）。

3.3.4　中国台湾地区场外市场发展现状

中国台湾地区的场外市场为兴柜市场和盘商市场。兴柜市场于 2002 年 1 月成立，由柜台买卖中心代管，其成立目的是为了解决大批未上市上柜股票在分散的盘商处交易的问题。台湾证券监管当局规定，所有拟到台湾证券交易所上市或到柜台买卖中心上柜的公司，均必须先到兴柜市场挂牌交易至少达 6 个月，由此使兴柜市场成为上市或上柜的预备市场。

兴柜市场自成立之后，挂牌公司数量、总市值两项指标一直比较稳定①，其主要原因在于兴柜市场的定位。作为上市或上柜公司的预备市场，兴柜市场成立以来挂牌公司一直呈现“大进大出”状态，即公司流进流出的渠道畅通，符合上市或上柜条件的公司在挂牌交易6个月后大都申请到交易所上市或柜买中心上柜，而经营较差、不再符合兴柜挂牌标准的公司被摘牌的也很多。根据柜台买卖中心数据统计，自成立至2009年年底，兴柜市场挂牌公司累计达981家，其中先后转板上市或上柜的公司比例达55.8%，而被摘牌的公司比例有21.4%，两项数据合计77.2%。也就是说，兴柜市场自成立之后，累计有758家公司（占比77.2%）挂牌之后又被转板或摘牌，因此其以挂牌公司家数和总市值衡量的市场规模一直比较稳定。

另外需指出的是，兴柜市场的投资者结构一直以个人投资者为主，自成立以来个人投资者占开户数比例一直在80%以上，2009

① 2008年度例外，这一年在金融危机等因素影响下，兴柜市场挂牌公司总市值大幅下降。

年年底这一比例高达 88.7%（表 3 –5）。

表 3 –5　兴柜市场 2002—2009 年主要数据

年份	挂牌公司数量（家）	总市值（亿台币）	成交金额（亿台币）
2009	223	5176.4	1686.52
2008	233	2428.6	915.25
2007	246	5955.6	3173.5
2006	230	7234.0	1590.92
2005	257	7408.7	863.07
2004	350	5686.8	420.7
2003	245	4591.1	309.91
2002	172	2714.2	191.74

数据来源：台湾柜台买卖中心（www.otc.org.tw）。

2002 年之前及兴柜市场设立初期，台湾盘商市场异常发达，高峰时在盘商市场挂牌交易的未上市公司有数万家之多，而各类盘商最多时曾经达 500 家左右，其中既有以家庭方式经营的小中介，也有以企业管理顾问公司或投资顾问公司名义经营的盘商。

近年来，随着兴柜市场的发展，盘商市场逐渐萎缩，但是仍未禁绝。根据台湾联合理财网（http://money.udn.com）的数据，2010 年初，盘商仍有数百家之多。而在盘商处挂牌交易的未上市股票，仅单个盘商即有几千家，例如，台湾福临专业未上市信息

网（www. fu－ling. com），其网站于2010年仍在提供超过3000只未上市股票全台实时报价系统，以及详尽个股数据与每日新闻（表3－6）。

表3－6　中国台湾地区各层次证券市场情况

（截至2009年年底）

市场层次	台湾证券交易所	柜台买卖中心	场外交易市场	
			兴柜市场	盘商市场
公司家数	741家	546家	223家	至少5000家
总市值（亿台币）	210336.4	19142.18	5176.4	大于兴柜市场
年成交额（亿台币）	296804.7	52389.59	1686.52	大于兴柜市场

数据来源：台湾证券交易所（www. twse. com. tw）与柜台买卖中心（www. otc. org. tw），盘商数据系估计。

第 4 章

证券场外市场发展的国际经验（二）

本章选取部分样本国家，包括发达国家（美国、日本）、新兴市场经济国家与地区（韩国、我国台湾地区）、转轨经济国家（俄罗斯、波兰）的证券场外交易市场，分别包括：美国的电子公告板柜台市场（OTCBB）、粉单市场（Pink Sheets）和私募证券交易市场（PORTAL），日本的绿单市场（Green Sheet），韩国的 Free Board，我国台湾地区的兴柜市场与盘商市场，俄罗

斯的 RTS 市场，波兰的证券 OTC 市场，通过横向比较样本国家（地区）场外市场现行的基本制度，纵向比较其发展历史，来分析其场外市场发展的国际经验。由于许多国家的创业板市场起源于场外市场，如美国纳斯达克（NASDAQ）、日本佳斯达克（JASDAQ）和韩国科斯达克（KOSDAQ），因此分析时也会有所涉及。

4.1 境外场外市场基本制度比较

4.1.1 各国（地区）证券场外市场法律规定及监管制度比较

4.1.1.1 发达国家证券场外交易的法律规定及监管制度

1. 美国的相关法律规定及监管制度

（1）美国场外市场的法律规定。美国 1934 年《证券交易法》未对证券的场外（柜台）交易作出规定。1938 年，美国国会修改《证券交易法》，增加 15A 条款，将证券的场外交易纳入调整范围，对柜台交易市场规定了与当时存在的证券交易所自律监管制度相类似的监管机制（参阅 1934 年《证券交易法》修订案，Pub. L. No. 75 - 719, 52 stat. 1070 (1938)）。即要求全国的证券业协会在证券交易委员会登记（第 15 节的有关规定），并使这些协会受到《证券交易法》自律监管机制的制约。而全美证券商协会是唯一在证券交易委员会登记的证券业协会。

证券交易法第 17B 条规定，因芬尼股票（penny stock，意为低价股）市场缺乏可靠及正确的报价，而使投资者利益受损，为保护投资者、维护市场公平秩序，应建立自动报价系统。而每一自动报价系统的特色为：①根据证券交易委员会及该个体的规则，由一已登记证券商协会或全国性交易所运营；②收集并传递报价与交易信息；③除豁免规定外，提供参与之经纪商或自营商买卖报价，或相当可靠的价格信息；④当其成交量到达规定的适当标准时，提供芬尼股票的交易量与最后成交价。

《证券交易法》的自律监管机制主要是针对在证券交易委员会登记的证券交易所作出的规定。例如，在第六节及其规则中，《证券交易法》规定交易所的规程必须“确保公司股东在选择董事和管理公司事务方面有公正的陈述”，以及必须“用于防止欺诈和操纵行为及做法”，还有必须“规定……在股东和与股东相联系的人员违反（《证券交易法》）条款、该法的规则和规章或者交易所规程时应受到适当处罚。”当然，交易所作出最初的处分决定，但证券交易委员会可以对任何由交易所做出的最终措施进行审查，如认为不当可以否决。

从以上规定可以看出，立法者希望经登记的证券交易所实施自律监管机制，而后来修改的关于证券场外交易的规定，则要求参照交易所的自律机制。《证券交易法》第 15 节（b）款（8）项和（9）项规定，除了极少数情况之外，能够从事证券场外交易的证券商必须是经登记的证券业协会的成员。全美证券商协会的权力则来源于该法第 15 节（b）款（8）项和（9）项以及（e）款（1）项的规定。所以经营证券场外交易的所有证券公司中，除了极少数以外，其他均为全美证券商协会成员。

1990 年，美国通过《1990 年芬尼股票改革法》（Penny Stock Reform Act of 1990），该法授权证券交易委员会建立一个符合 1934 年证券交易法第 17B 条规定的电子系统，以协助公开报价及显示最近成交价信息。芬尼股票改革法与证券交易法第 17B 条一起，共同构成美国场外市场电子公告板柜台市场产生的法律依据。

为吸引外国企业在美国发行证券，并提高国内私募证券流动性，美国证券交易委员会于 1988 年起草、1990 年颁布实施了“144A 规则”（即“在私募市场面向机构的证券转售规则”）。根据 144A 规则，发行人可以发行不受美国证券交易委员会的注册和信息披露要求限制的证券，但必须符合基本条件：①这些证券只能在私募市场向 QIB（Qualified Institutional Buyer，合格机构认购者）发行并只能在 QIBs 之间交易；②证券发行时，该证券不能与在美国的任一证交所交易或纳斯达克系统报价的证券属同一种类；③卖家和未来的买家必须有权利获得发行公司的一些从公众渠道尚未得知的信息；④卖家必须确认，买家知道卖家可以依据 144 A 条例来免除证券法的登记要求。这样的证券因此称为受限证券（Restricted Securities）。

144A 条例还规定了合格机构投资人的条件。合格机构投资人通常包括美国银行、信用社和注册券商。随后全美证券商协会设立了 PORTAL 系统，专门用于机构投资者之间转让根据 144A 规则发行的私募证券。

（2）美国场外市场的监管制度。美国场外市场的监管机构原为全美证券商协会（NASD）。2007 年 7 月 30 日，美国证券商协会与纽约证券交易所中有关会员监管、执行和仲裁的部门整合，成立美国金融业监管局（The Financial Industry Regulatory Authority，简称 FINRA）。FINRA 是美国最大的非政府证券业自律监管机构，主要负责监管证券交易商于柜台交易市场的行为以及投资银行的运作，监管对象主要包括 5100 家证券经纪公司、17.3 万家分公司和 66.5 万名注册证券经纪人。其核心目标是通过高效监管和技术服务，加强投资者保护和市场诚信建设。

FINRA 对电子公告板柜台市场和粉单市场的做市商负有监管职责，其职责包括建立规范做市商业务的规则，制订行业准入标准，检查做市商财务和运营、合规情况，对违反证券法的行为开展调查，依法处罚违法违规者，答复投资者和做市商的咨询与投诉等。

根据《证券交易法》第 12 节（g）的规定，柜台市场挂牌股票可豁免登记注册，但是，股东超过 500 人且总资产超过 1000 万美元的公司，必须向美国证券交易委员会注册。美国证券交易委员会负责规范注册公司的股票发行等融资行为，施行反欺诈条款，对注册公司在股票发行及定期报告中的信息披露行为进行规范。

根据 1999 年美国证券交易委员会批准的《OTCBB 挂牌资格规则》（OTCBB Eligibility Rule），所有电子公告板柜台市场挂牌公司（无论何等资产规模和股东人数）必须在做市商报价之前到美国证券交易委员会注册。需要注意的是，此注册要求非法律规定，而是电子公告板柜台市场自律规则下的公司自愿注册，注册后的公司也必须接受美国证券交易委员会信息披露及其他监管。

而对于柜台场外市场挂牌公司中股东少于 500 人或者总资产小于 1000 万美元的公司，则由公司注册地所在的美国各州的证券监管者负责监管。

私募证券交易市场（PORTAL）的基本规则须报经美国证券交易委员会批准，但这一市场交易的证券不受美国证券交易委员会监管，参与交易的机构接受 FINRA 的监管。

2. 日本的相关规定及监管制度

日本于 1948 年制定《证券交易法》，其主要内容借鉴了美国 1933 年《证券法》与 1934 年《证券交易法》，其中未对证券场外交易进行规定。1990 年之后，由于日本泡沫经济破灭引起证券市场的剧烈震荡，日本对《证券交易法》进行了大幅度修订。1992 年，日本修订《证券交易法》，对柜台买卖证券作出了类似于上市证券的相关规定，从而明确了证券场外市场的法律地位，如第二章中，规定持有店头市场登记发行公司的 5% 以上股份时，应于 5 个工作日内向内阁总理大臣报告，此后如有 1% 以上变更时，依相同程序报告，违反规定将受到处以罚金甚至有期徒刑等处罚；另在第三章中规定，证券公司经核准可从事有关店头市场证券的经营业务。除了在《证券交易法》中作出有关原则性规定之外，日本还有专门的《店头市场报价揭示及买卖价格规则》，对柜台买卖市场进行具体规范。

1997 年，日本开始实施“金融大变革”，1998 年 6 月，政府制订“为确立金融制度改革之相关法律而制定之法律”规定，并据此将《证券交易法》、《证券投资信托法》及《银行法》等将近 30 套法规进行大规模修改，而且大部分都在当年 12 月 1 日起施行。为配合上述的修改，作为自律规范单位之证券业协会和证券交易所，为了市场改革，也都进行了范围广泛的章程修改。日本证券业协会作为股票店头市场的自律管理机构，过去定位在交易所集中市场的补充性配角，但是经过这次法律的修改，其定位已提升为跟交易所同等的地位。

2007 年，日本进行其金融立法领域 20 年来最大的一次变革，于 9 月 30 日颁布实施《金融工具与交易法》。该法涵盖范围从公司信息披露到可接受的证券交易行为无所不包，还规定了对冲基金及私人资本运营基金新的注册要求，并就向个人投资者卖出股票、债券及共同基金时所允许的市场操作进行了详细的规定。2008 年，日本又修改《金融工具与交易法》，根据修改后的法案，交易所可以建立迎合专业投资者的受到监管较少的市场。日本证券业协会仍负有自律管理柜台交易市场的职责，证券交易商接受协会监管，并应将柜台市场挂牌证券的有关信息定期或不定期向协会报告，再由证券业协会向公众公布。

4.1.1.2　新兴市场经济国家（地区）证券场外交易的法律规定及监管制度

1. 韩国的有关法律规定及监管制度

2002 年 4 月韩国最新修订的《证券交易法》（Securities and Exchange Act），对证

券交易所的设立进行了专门规定。韩国对证券交易所的设立实施许可制，《证券交易法》规定，设立证券交易所需经财经部批准。《证券交易法》第76条规定：除了韩国证券交易所之外，任何人不得开设证券市场或者类似的设施，或者经营与证券交易所类似的业务；第71条规定，证券交易所总部应设在汉城，如有必要，可在其他地方设立分支机构；证券交易所须在其总部所在地即汉城进行登记和注册；证券交易所的设立以财经部许可后登记注册为程序。

《证券交易法》对证券场外交易的运作进行了原则性规定，主要是在第八章第二节“韩国证券交易商协会”中作了专门规定。在该法的第172—2、172—3、172—4条款中，规定证券交易商协会可以设立一个“证券经纪商协会市场”(Association Brokerage Market)，该市场应该设立一个专门委员会来负责其具体运作，并规定由该委员会制订这一市场的规章，并上报金融监管委员会批准后实施，而且规定，金融监管委员会在批准前须咨询韩国财经部。

当然，韩国的《证券交易法》仅仅对证券场外交易市场运作管理的机构、管理权限等原则性事项进行了规定，而对于这一市场的运作则未作具体规定。尽管如此，在国家的正式法律中，对场外交易市场进行如此多的专门规定，还是不多见的。

韩国场外交易市场的管理机构为韩国金融投资协会（KOFIA），2009 年之前为证券交易商协会（KSDA，the Korea Securities Dealer Association）。2009 年 2 月，韩国整合证券期货业自律管理组织，将证券交易商协会、资产管理协会（the Asset Management Association of Korea）、期货业协会（the Korea Futures Association）合并为韩国金融投资协会（KOFIA，the Korea Financial Investment Association）。

韩国证券发行实行注册制度，在场外市场挂牌的非上市公司的公开发行须向金融监管委员会（FSC）注册。

2. 中国台湾地区的有关法律规定及监管制度

1968 年 4 月，台湾地区《证券交易法》颁布实施，明确提出证券柜台交易，该法将证券市场交易分为两类：证券交易所交易和柜台交易，并在具体的条款中对柜台交易管理办法和业务规则进行了说明。由于《证券交易法》规定并不强制股票发行（公开发行或私募发行）后一定要上市交易，这就为建立其他层次交易市场留下了空间。

台湾地区股票的上市、上柜或在其他场所交易问题，主要还是依靠证券监管部门的行政规章和交易场所的自律规则加以解决的，作为基本法的《证券交易法》仅仅作出了非常原则性的规定。“财政部”证券管理委员会1982年发布《台湾证券商营业处所买卖有价证券管理办法》，对证券商开展证券柜台交易进行了专门规定；台湾证券柜台买卖中心《证券商营业处所买卖有价证券审查准则》、《证券柜台买卖中心买卖兴柜股票审查准则》则分别对股票的上柜、兴柜交易作出了具体的规范要求。

2002年，中国台湾立法当局对《证券交易法》进行修改，该法仍然将证券买卖场所界定为证券交易所或证券商营业处所，此处的证券商营业处所显然就是证券场外交易市场，但并未对其作出具体规定。

台湾兴柜市场属于官方有组织的场外市场，接受证券监管当局及自律组织的监管；兴柜市场定位于上市、上柜的预备市场，市场规模有限，本身挂靠在柜台买卖中心之下，信息披露要求与柜台买卖中心基本相同。盘商市场是民间自发、未获正式法律认可的分散的场外交易市场，本身对挂牌公司无任何监管要求。

4.1.1.3　转轨经济国家证券场外交易的法律规定

1. 俄罗斯的有关法律规定

俄罗斯于 1990 年 12 月颁布《股份有限公司和证券法》（也称第 601 号法令），初步勾画了证券市场架构，但其中主要规定的是关于企业发行股票的事宜；1991 年 12 月通过《关于有价证券及证券交易所的规定》；1992 年 2 月又颁布《有关商品交易所和股票交易所的法律》。

关于股份公司的第 601 号法令授予俄罗斯财政部（the Ministry of Finance）以注册证券交易所的权力，此后，大规模的股票交易出现，并由此涌现了大量的股票交易所。但是，俄罗斯正式的法律法令并未对证券场外交易进行专门规定。

2. 波兰的有关法律规定

2004 年 5 月 1 日，波兰、匈牙利等中东欧十国正式加入欧盟，因此，波兰与匈牙利等东欧国家关于证券场外交易市场的法律适用欧盟法律。

根据欧盟条约，欧盟自身的立法主要分为条例（Regulation）与指令（Directive）

两种。其中，条例在成员国直接生效，而无需成员国转化为国内法；而对于欧盟的指令，成员国必须在规定的期限内将指令转化为国内法。

关于证券交易市场问题，欧盟《投资服务指令》和《金融工具市场指令》进行了一些经各成员国妥协后的原则性规定。《金融工具市场指令》第 47 条规定，各成员国都应当拟订一份由其母国来适用规制的规范市场的名单，并将该名单连同相关业务规则提供给其他成员国与欧盟委员会。所谓的规范市场，《金融工具市场指令》第 4（1）（14）条规定，规范市场是指由一个市场经营者所经营或管理的，通过固定的交易规则来集合或帮助集合多个第三方当事人进行金融工具权益交易的、获得许可并经常性运作的多边体系。此处的规范市场，指的就是证券交易所市场。

《投资服务指令》第 14（4）条规定，成员国应当允许在该国拥有常居所或在该国设立分支机构的投资者不在规范市场进行相关的交易，成员国应当考虑不同投资者的不同保护需求，尤其是职业投资者或机构投资者具备为自身最大利益进行交易的能力。指令对散户投资者和专业、机构投资者加以区别对待，既可保护散户在规范市场交易获得保护的权利，又保障了专业、机构投资者进入场外交易市场的选择权。

此外，欧盟通过《准入指令》、《上市说明书指令》对证券的公开发行、上市进行了协调统一的规制，但这两个指令仅对证券交易所市场进行规制，未对场外市场进行统一的协调规范。

总的来看，欧盟的有关指令仅仅保障了各成员国的机构投资者进入各国证券场外市场的权利，但未对证券场外市场本身作出任何规定。由此，欧盟各成员国证券场外交易市场的规制主要由各国自行规定。

1991 年 3 月，波兰通过《证券和信托基金公共交易法》，1997 年 8 月，又通过《证券上市交易法》，进一步拓展了证券的范围，将期货也纳入其中，但这两部关于证券市场的基本法律均未对证券场外市场作出规定。1995 年 6 月，波兰政府颁布一项法令（the ordinance of the Council of Ministers），对证券经纪商开展证券场外交易作出专门的规定，在此法令指导下，随后波兰以证券经纪商协会（the Association of Brokerage Houses）为主导，建立了有组织的证券场外市场。

其他中东欧转轨国家也未对证券场外市场进行专门规定，如匈牙利，该国于 1990 年颁布《证券法》（the Hungarian Securities Act)，该法非常简短、概略，其立法本意是鉴于匈牙利证券市场尚在发育进程之中，法律只是为未来的发展勾画基本的框架和轮廓，从另一个角度来说，当时匈牙利也无法对证券市场作出过于详细的具体规定。匈牙利《证券法》未对证券场外交易市场作出任何规定。

4.1.1.4 小结

从各国（地区）关于证券场外交易市场的法律规定来看，主流的做法是通过规定证券经纪商的经营范围来规范场外交易的，即赋予证券经纪商协会以组织、运作、自律监管证券场外交易市场的权限，典型的有美国、日本、韩国。欧盟虽然未对证券场外交易市场进行统一规范，但是也规定了各成员国的专业、机构投资者有进入欧盟各成员国场外交易市场的权利，同样是基于证券商的业务角度。

由于转轨经济国家的证券市场总体上处于不发达的状态，发展规范的交易所市场成为首要任务，关于场外市场更多地处于探索

阶段，因而正式法律中缺乏相应的规范，对证券场外市场的有关规范是通过政府制订专门的规章条例来实现的。

各国（地区）证券场外交易市场监管主要由证券业协会实施自律监管，但场外市场挂牌公司的公开发行股票受到政府部门（证监会或金融监管委员会）的监管。值得注意的是，部分国家近年来对证券业自律组织进行整合，如美国、韩国分别成立金融业监管局（FINRA）、金融投资协会（KOFIA），专门负责包括证券业在内的整个金融行业的自律监管。

4.1.2　各国（地区）证券场外市场信息披露制度比较

4.1.2.1　发达国家

1. 美国

（1）对场外市场挂牌公司信息披露的规定

①场外市场挂牌公司的持续信息披露要求相关规定。《1934 年证券交易法》颁布时，OTC 市场的证券交易不受其规范。1938 年，美国国会对该法进行修改，把美

国证券交易委员会对证券市场的管理扩大到柜台交易市场（OTC），但并未对场外市场的挂牌公司规定信息披露要求。

1964 年国会对该法再作修正，将注册登记、财务公开以及其他保护性措施扩大到柜台交易市场上的证券，规定资产在 500 万美元以上（后调整为 1000 万美元），且股东超过 500 人以上的公司，需要提供年报及其他定期报告。1968 年国会通过了威廉斯法（并于 1970 年进行了修正），要求公司在现金标购、交易所拍卖、大规模股权购买业务中实行信息公开，并授权美国证券交易委员会管理公司接管活动。

②小企业的登记和报告。如果完全按照《证券交易法》的要求登记和持续信息披露，其费用对于小企业是一个不小的负担。为此，1992 年美国证券交易委员会出台了一些方便小企业登记和报告的制度。在这里，小企业被定义为“年收入少于 2500 万美元，且非关系人持有的发行人的有表决权股票的总市值不超过 2500 万美元的公司”。对于这类小企业，美国证券交易委员会为其按照《证券交易法》进行的登记注册、年度和定期信息披露提供了简化的表格。

（2）萨班森·奥克斯利法案（Sarbanes

- Oxley）对信息披露要求标准的提高。2002 年 7 月，美国颁布并实施了 Sarbanes - Oxley（SOX）法案。该法案被认为是继 1934 年证券交易法之后对上市公司影响最为广泛的法规，大大提高了对公众公司的信息披露要求：①公众公司应实时披露导致公司经营和财务状况发生重大变化的信息；②由美国证券交易委员会制订规则，要求公众公司披露对公司财务状况具有重大影响所有重要的表外业务交易和关系；③主要股东或高级管理人员披露股权变更或证券转换协议的强制期间由原来的 10 个工作日减少为 2 个工作日；④由美国证券交易委员会制定规则，强制要求公众公司年度报告中应包括内部控制报告及其评价，并要求会计师事务所对公司管理层出具的评价做出鉴证报告；⑤由美国证券交易委员会制定规则，强制要求公司审计委员会至少应有一名财务专家，并且予以披露。

理论上，Sarbanes - Oxley 法案适用于所有的公众公司，但由于完全执行该法案的信息披露要求会导致公司挂牌成本显著提高，证券交易委员会决定，在美国证券交易委员会登记且 7500 万美元以下市值的中小企业可在 2007 年后接受 SOX 规范，这部分企业中有相当部分是在电子公告板柜台市场或粉单市场挂牌的小企业。

（3）主要场外市场的持续信息披露要求。《1934年证券交易法》对于公司的持续信息披露要求是，凡该法不能豁免的证券均须遵守。因此，交易所市场的信息披露要求大同小异；对于非交易所市场，信息披露要求的标准不一。

电子公告板柜台市场的发行人无需向FINRA（电子公告板柜台市场的管理者）报告或履行披露责任。然而，所有在电子公告板柜台市场报价的股票发行人应该定期向美国证券交易委员会（SEC）履行经审计年报、季报的披露职责。发行人应该在生效日前报告公司的重大事项，包括合并、收购、更换名称以及所有重大事项的细节和相关文件。发行人必须提前10天向电子公告板柜台市场协调人报送关于股票拆细、并股、分红送股或其他配送信息。

电子公告板柜台市场要求公司向SEC履行信息披露义务是源于1999年引入的挂牌资格规则要求。1999年1月，美国SEC批准了《电子公告板柜台市场挂牌资格规则》，该规则要求拟在电子公告板柜台市场报价的公司必须向SEC报告最新财务状况，已在电子公告板柜台市场报价的公司限期补报，到期未能补报的给予 1—2 个月的警告期，警告期满后仍未能提交报告者，其股票就从电子公告板柜台市场上除牌。至 2000 年 6 月，电子公告板柜台市场挂牌公司由 6000 余家锐减至 3000 余家，其中大部分转到粉单市场挂牌。电子公告板柜台市场的信息披露渠道是通过电子申报系统 EDGAR 进行。

粉单市场挂牌公司没有每个季度提交公司当前财务信息的义务，但是，根据证券法，如有以下情况发生，发行人需向美国证券交易委员会提供适量的当前信息，粉单市场新闻服务系统将同时予以公布：首次挂牌；公司内幕人士或关联人在柜台市场发行、购买或出售公司证券；公司内幕人士或关联人直接或间接参与公司证券的营销活动；私募证券首次在柜台市场挂牌交易。

粉单市场的财务报告不需审计，但须遵循国际公认会计准则，境外发行人须遵循本国的财务标准。粉单挂牌的公众公司（即股东 500 人以上、资产 1000 万美元的公司），须向美国证券交易委员会注册并履行相应的信息披露义务。

此外，根据美国证券交易委员会相关规

定，所有公众公司，如发生分红派息、拆股、合股、增发和配股等，须在除权日的10天前通知全美证券商协会。

粉单市场开通专门平台（News Release & Financial Report Service，Level II Quote Sponsorship）为挂牌企业提供信息披露服务。企业可选择支付年费499.95美元，享受无限服务，或每次披露交纳99.95美元。

为便于比较分析，笔者给出美国主要交易所市场与场外市场的信息披露制度比较表（表4-1）（各国或地区均同时给出交易所市场的信息披露标准）。

表4-1　美国主要市场持续信息披露制度

		纽约证券交易所（NYSE）	纳斯达克（NASDAQ）	电子公告板柜台市场（OTCBB）	粉单市场（Pink Sheets）②	私募证券交易市场（PORTAL）
定期报告	年报①	最迟于财政年度后90天内	最迟于财政年度后90天内	1999年起须披露	须披露	不需要
	季报	季度结束后45天内	季度结束后45天内	1999年起须披露	不要求	不需要
	是否需要审计	是	是	是	否	否

续表

	纽约证券交易所（NYSE）	纳斯达克（NASDAQ）	电子公告板柜台市场（OTCBB）	粉单市场（Pink Sheets）[②]	私募证券交易市场（PORTAL）
临时报告	发生可能影响投资者决策的重大事件时，须在事件后的5—15天内，以8—K表格形式提交给美国证券交易委员会（SEC）与交易所。	除非特殊情况，上市公司必须在迅速通过新闻媒体披露可能影响证券价值或投资者决策的任何重要事件，并在公布前的最起码10分钟之内通知NASDAQ。	应在生效日前向美国证券交易委员会（SEC）报告公司的重大事项，包括合并、收购、改名以及其他重大事项。	以下情况发生时，须向美国证券交易委员会（SEC）提供当前信息：（1）首次挂牌；（2）公司内幕人士或关联人士买卖公司证券，直接或间接参与公司证券营销活动等。	证券持有人转售时，无主动提供受让人任何信息的义务；但发行人应持有人要求，有向持有人指定的受让人提供公司基本营运与财务信息的义务。
公平信息披露要求[③]	2002年，宣布执行	否	否	否	否
披露渠道	报纸；电子申报系统EDGAR；SEC与交易所网站	报纸；电子申报系统EDGAR；SEC与交易所网站	电子申报系统EDGAR	专门披露平台（News Release & Financial Report Service）	无

续表

	纽约证券交易所（NYSE）	纳斯达克（NASDAQ）	电子公告板柜台市场（OTCBB）	粉单市场（Pink Sheets）[②]	私募证券交易市场（PORTAL）
Sarbanes－Oxley 法案要求[④]	执行	执行	执行	否	否
信息披露违规责任	警告、公开批评、罚款、停牌、取消上市资格等	与 NYSE 类似	中止交易等	无	无
信息披露的监督机构	NYSE SEC	NASDAQ SEC	SEC	The Pink Sheets LLC	无

注：

①美国证券交易委员会针对不同的公司，对年报披露的时间要求差别对待：公开发行股票少于 7500 万美元的公司，财政年度之后 90 天内公布；公开发行股票 7500 万—7 亿美元之间的公司，财政年度之后 75 天内公布；公司发行股票 7 亿美元以上的公司，财政年度之后 60 天内公布。

②粉单市场（Pink Sheets）挂牌公司中达到股东 500 人以上、资产 1000 万美元以上的公司（即公众公司）须向 SEC 注册，履行相应的信息披露义务。

③所谓公平披露（Fair Disclosure），是针对选择性披露（Selective Disclosure）而言的，这一规则于 2000 年由美国 SEC 制定，但并未强制执行。公平披露原则要求上市公司向所有投资者平等地公开重要信息，公司向证券分析

师等披露的有关利润或收入等敏感的非公开资料必须通过在证券交易委员会备案或发布新闻的方式向公众公布。

④2007 年前，中小企业暂不适用 Sarbanes – Oxley（SOX）法案，故以中小企业为挂牌主体的场外市场 2007 年之后方开始执行该法案。

（4）小结

美国证券市场实行的是集中统一的，以信息披露为中心的监管体制，其信息披露制度建设和监管在全球证券市场最为完备。相对于证券交易所市场而言，场外市场的信息披露要求较为宽松，体现了抓大放小的原则，在保护投资者和市场效率目标之间达到了较好的平衡。

2. 日本

日本《证券交易法》规定，公开发行证券的公司必须在每年度结束后 90 天内以及每半年度结束后 90 天内，向大藏大臣提交年报与中报，如果是在交易所或者店头市场上市/上柜交易的，则须同时向交易所和证券经纪商协会提交年报与中报的复印件；除此之外，上市公司还有义务随时披露可能对证券的投资价值以及投资者决策产生重大影响的有关信息，即临时报告（表 4 – 2）。

表 4-2 日本主要市场持续信息披露制度比较

		东证一部	东证二部	东证创业板（Morthers）	佳斯达克（JASDAQ）	绿单市场（Green Sheet）
定期报告	年报	会计年度后90天内	与一部同	与一部同	与东证同	财年90天内
定期报告	中报	半个财政年度后90天内	与一部同	与一部同	与东证同	部分公司须报送
定期报告	季报	不要求	不要求	第1季度和第3季度结束后一定期限内披露季报		不要求
定期报告	是否需要审计	是	是	是	是	无要求
临时报告		与重大决策、突发事件相关的信息等，且须立即公告并通知主管机关与交易所	与一部同	与一部同	与东证类似	须报送
及时披露规则		1999年开始实施，年度后60天内披露年度决算短信，半年度后60天内披露半年度短信，决算短信不要求审计	与一部同	与一部同	无	无

续表

	东证一部	东证二部	东证创业板（Morthers）	佳斯达克（JASDAQ）	绿单市场（Green Sheet）
披露渠道	报纸；东证及时披露系统 TDnet	与一部同	与一部同	报纸	由管理券商通过 TDnet 向协会报送
信息披露违规责任	交易所处罚	交易所处罚	交易所处罚	证券业协会	证券业协会
信息披露的监督机构	东京证交所	东京证交所	东京证交所	证券业协会	证券业协会

日本东证创业板（Mothers）对上市公司信息披露的要求比东京证券交易所原有市场更为严格，除了原有市场要求的内容以外，还要求企业公布季度业绩，具体公布每个季度的资产负债表和损益表。这些财务数据的真实与否必须经过注册会计师的验证。除此之外，还要求企业在上市后的 3 年内每年召开两次企业说明会，向投资者、证券分析师等说明企业的经营方针、经营战略和业务进展状况。

绿单市场的四个市场层次中，新兴部的信息披露要求最为严格。绿单市场管理券商（Handling Members）或副管理券商（Asso-

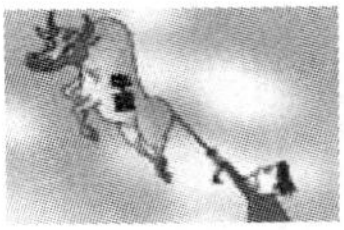

ciate Handling Members）必须在每个会计年度结束后的三个月内向证券业协会上报挂牌公司编制的《经营状况解释性报告》或《有价证券报告》。如果绿单市场的挂牌公司按照《证券交易法》第24—25条第一款的规定编制半年报，则管理券商须按同款规定的时间向协会提交半年度报告。如果挂牌公司按照《证券交易法》第24—25条第四款规定编制临时报告，则管理券商须立即向协会上报临时报告。临时报告由挂牌公司编制，由挂牌公司或管理券商通过TDnet（Timely Disclosure network）系统发送给协会。

绿单市场的管理券商应在本公司营业部及其分支机构备好所推荐公司的《经营状况解释性报告》，供投资者阅读，证券业协会应在收到券商上报的有关信息之日起向公众披露。

2005年4月前，绿单市场挂牌公司信息披露除经营状况说明书外，信息披露内容、格式与程序均无严格要求。2005年4月后，日本新《证券交易法》中关于内幕交易的条款开始生效，绿单市场亦受其约束。此后，绿单市场挂牌公司披露的所有重大信息均须向证券业协会报告，其重大信息的披露标准、程序、及时性与上市公司要求一致。

4.1.2.2　新兴市场经济国家（地区）

1. 韩国

韩国《证券交易法》规定了公开发行证券的公司的持续信息披露义务，包括年报、半年报等的披露要求。柜台交易市场（Free Board）挂牌的公开发行公司首先要履行证券交易法的信息披露义务。此外，柜台交易市场还规定了对所有挂牌公司的信息披露要求。柜台交易市场挂牌公司的应披露信息主要包括：

（1）定期报告。年报、半年报，每一财务年度结束 90 日内、半年度结束后 45 天内，挂牌公司须将定期报告提交金融投资协会，由协会予以公告。半年报仅要求采用简单格式披露。不要求披露季报。

（2）临时报告。当公司有银行账户被冻结、主营业务中止、增资或减资、召开股东大会等 16 项情形时，必须在事件发生当天或其后一天予以公告。临时报告的披露要求远低于交易所市场。

（3）信息查询。中介机构有信息需询问公司时，公司有义务通过传真等在一日内以文件形式对中介机构予以答复。中介机构在公司未忠实履行信息答复义务而又无可信理由时，可在10个交易日内公告其行为。

韩国金融投资协会（KOFIA，the Korea Financial Investment Association，2009年2月之前为证券商协会KASD，Korea Association of Securities Dealers）应将挂牌公司的文件及相关材料自收到之日起2年内置于指定地点供公众查阅（表4-3）。

表4-3　韩国多层次市场持续信息披露制度比较

		韩交所 证券市场部	韩交所 科斯达克部	柜台交易市场 （Free Board）
定期报告	年报	财政年度后90天内	与证券市场部同	须提交给韩国金融投资协会（KOFIA）
	中报	半个财政年度后45天	与证券市场部同	简单格式即可，提交韩国金融投资协会
	季报	第一、第三季度后45天	与证券市场部同	不要求
	是否需要审计	是	是	是

续表

	韩交所 证券市场部	韩交所 科斯达克部	柜台交易市场 (Free Board)
临时报告	重大公司人事变动、业务变动、财务变动、股东变动以及关联交易等情况；根据市场情况（包括谣言、异常交易等）临时要求上市公司进行披露的信息等	与证券市场部类似	当公司有银行账户被冻结、主营业务中止、增资或减资、召开股东大会等事项时，必须予以公告
公平披露规则	执行	否	否
披露渠道	报纸；披露系统 KIND	报纸	置于指定地点供公众参阅
信息披露 违规责任	交易所处罚	交易所处罚	韩国金融投资协会处罚
信息披露的 监督机构	韩国交易所	韩国交易所	韩国金融投资协会（KOFIA）

总体而言，韩国证券场外市场的信息披露标准远远低于场内交易市场，例如，场外市场半年报仅要求采用简单格式披露，不需要披露季度报告，临时报告要求披露的情形也比交易所市场要宽松得多。而且，场外市场的信息披露程序、电子化程度等也相对比

较简单。

2. 中国台湾地区

中国台湾地区证券市场的四个层次，第一层次的台湾证券交易所与第二层次的证券柜台买卖中心信息披露要求几乎完全一致；作为场外市场的第三层兴柜市场与第四层盘商市场，信息披露要求差异较大。

台湾柜台买卖中心实际上已成为一个准交易所市场。兴柜市场定位于上市、上柜的预备市场，企业家数和企业规模有限，本身挂靠在柜台买卖中心之下，除了不披露季报外，年报、半年报要求与柜台买卖中心一致，临时报告要求比柜台买卖中心略低。盘商市场未获得台湾监管当局的许可，游离于法制监管之外，本身对挂牌公司无任何信息披露要求（表4-4）。

表4-4　中国台湾地区各层次市场持续信息披露标准比较

		台湾证券交易所	柜台买卖中心	兴柜市场
定期报告	年报	财政年度后120天内	与台交所同	与台交所同
	中报	半个财政年度后60天	与台交所同	与台交所同
	季报	第一、第三季度后30天	与台交所同	不要求
	是否需要审计	是	是	是

续表

	台湾证券交易所	柜台买卖中心	兴柜市场
临时报告	37 类临时报告事项，包括银行退票、诉讼、重组、更换会计师或变更会计年度、重大人事变动、业务变动、财务变动、股东变动以及关联交易等。	39 类临时报告事项，与台交所类似。	仅须披露对公司财务或业务有重大影响的情况，包括存款不足之退票、诉讼、重组等重大事件，而类似变更会计年度之类事项则无须披露。
披露渠道	报纸，公开资讯观测站，电子申报系统	柜台中心股市观测站	柜台中心股市观测站，推荐证券商网站
信息披露违规责任	交易所处罚	柜台中心处罚	柜台中心处罚
信息披露的监督机构	台湾证券交易所	柜台买卖中心	柜台买卖中心

总体来看，台湾地区前三个证券市场层次信息披露差别并不大，尤其台交所和柜台买卖中心，信息披露标准基本一致，这与台湾柜台买卖中心建立之初便以台湾“NASDAQ”的标准要求自己有关；兴柜市场的信息披露要求较前两个层次略低一些，但与其挂牌条件的宽松相比较，其信息披露的标准较之其他国家低端层次市场显得颇为严格。当然，盘商市场由于属民间自发、分散

的证券场外交易市场，无任何信息披露要求。

4.1.2.3 转轨经济国家

1. 俄罗斯

1995年，俄罗斯模仿美国纳斯达克市场，由证券交易商联合发起设立了俄罗斯交易系统（Russian Trading System，简称RTS），可视为俄罗斯有组织的证券场外交易市场。随着俄罗斯交易系统的不断发展，其正向交易所过渡（目前该系统名称已改为Russian Trading System Stock Exchange）。

俄罗斯证券市场的发行与上市完全分开，是两个截然不同的环节，公开发行后的证券可以不上市，也可以同时在多家证券交易所上市（场外市场挂牌）；是否上市（挂牌）完全取决于各交易所（场外市场）的审核。

为保护市场参与者的利益，由俄罗斯交易系统市场的会员实施上市证券和其发行者的信息披露；信息披露程序受联邦证券法、国家证券委员会法令，以及交易系统的信息披露规则约束。

俄罗斯交易系统市场内部实行分层制度，即根据挂牌公司的不同情况区分为三大类：A1、A2、B，进入这三个层次市场的公司均被要求披露季度报告，但对年报的要求不同，进入 A1、A2 的公司须披露经审计的年度报告（符合国际会计准则或者美国通用会计准则），而进入 B 的公司则对年报无要求。

俄罗斯交易系统在挂牌规则中规定了信息披露的程序、方式等，规定任何符合以下要求的证券可以前来挂牌：

（1）发行人已经上报并公布招股说明书；

（2）申请者已经与俄罗斯交易系统会员签订信息交流协议，其中特别规定交易量与格式信息，以及信息上报日期；

（3）以下信息由合作伙伴向其成员和第三方组织披露，且会员应在自收到之日起三天内予以披露：进入挂牌证券的总目录、报价单及其更改、上市证券的特点、申请者根据特定要求披露的信息；

（4）需披露的信息应通过以下方式予以披露：通过会员网站和交易系统、电子信息系统，包括但不限于互联网、送往信息代表处和大众媒体，在被要求的情况下提供文件的纸质文本或者复印件、通过会员的期刊杂志披露。

2. 波兰

波兰关于证券的公开发行规定：以任何形式，通过任何方式，向至少100人或者非特定对象发行证券的，构成公开发行。公开发行证券，必须向发行对象提供必要的信息，包括发行条件、重组等重要信息，以保证投资者进行投资决策时有足够的参考。

进入场外市场挂牌交易的公司，不需要公布招股说明书（prospectus），但须进行持续性信息披露，即定期报告，包括年报、半年报和季报以及临时报告，但是与华沙证券交易所（波兰唯一的证券交易所）相比，其披露的标准和要求较低，格式大大简化。信息披露的报告须同时提交波兰证券交易委员会（PSEC）和场外市场管理机构CeTO，违反信息披露规定将由波兰证券交易委员会对公司予以罚款、摘牌等处罚。

4.1.2.4 各国（地区）证券市场信息披露制度比较

通过比较分析美国、日本、韩国、中国台湾地区、俄罗斯以及波兰多层次资本市场的信息披露制度，可以概括出以下特点：

1. 各国（地区）的基本信息披露制度均在证券交易法中予以明确规定

各国（地区）证券交易法规定的信息披露内容主要包括两方面：一是初始披露，即公开发行证券时的信息披露；二是持续披露，即证券上市（或挂牌）后的信息披露。当然，证券交易法的规定为原则性的，信息披露的详细内容与格式要求另行规定。公开发行证券的信息披露规则由证券监管部门制定，上市（或挂牌）证券的持续性信息披露规则由上市（或挂牌）的交易场所制定。多层次市场的信息披露差异主要体现在交易市场的信息披露规则上。

2. 不同层次市场的持续信息披露要求与其市场层次紧密相关

从各国（地区）的全国性证券市场信息披露标准的比较来看，场内市场的信息披露要求一般要高于场外市场，如美国全国性证券交易所与粉单市场、韩国交易所与柜台交易市场的信息披露差异。而主板市场与创业板市场的信息披露要求相比不相上下，有的国家创业板市场的信息披露要求甚至比主板还要严格，例如，日本东京证券交易所中，其东证创业板市场的信息披露要求严于一部、二部。

3. 信息披露标准是企业选择挂牌场所的重要因素之一

由于不同的信息披露标准直接影响企业的上市成本，严格的信息披露要求会增加企业的上市成本，主要包括审计费用、印刷费用等，因此，交易场所信息披露标准的变动，往往会引发企业挂牌场所的变动，如从1999年1月4日起，原本对定期财务报告没有要求的美国电子公告板柜台市场，要求挂牌公司向美国证券交易委员会定期提供财务报告，一次性地导致约3000家企业转到了粉单市场；在《Sarbanes - Oxley Act 法案》出台后，一些在纽约交易所、纳斯达克挂牌的企业，也不堪承受显著上升的挂牌成本而转到了电子公告板柜台市场或粉单市场。

4.1.3 各国（地区）证券场外市场的挂牌标准比较

4.1.3.1 发达国家

1. 美国

《1934年证券交易法》对证券场外市场的登记注册要求是：根据第12节（g）的规定，在柜台市场交易的股票可被豁免向美国证券交易委员会注册。但是，拥有超过

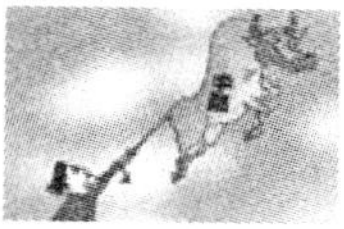

500 个股东并且超过 1000 万美元总资产的发行人，必须提交注册文件。

电子公告板柜台市场的挂牌标准。1999 年前，电子公告板柜台市场本身对于报价的证券没有门槛限制，但是，所有希望在电子公告板柜台市场报价的证券必须由一家以上的做市商推荐，且做市商须为获得美国证券交易委员会做市商资格的全美证券商协会会员。1995 年，电子公告板柜台市场有 5450 家公司，1999 年 6 月大约 6667 家。1999 年 7 月，全美证券商协会（NASD）开始净化在电子公告板柜台市场报价的公司，实施经美国证券交易委员会批准的《报价资格规则》，其中要求所有挂牌公司向美国证券交易委员会公布最新的财务报告，新挂牌公司需事先向美国证券交易委员会注册（按照《1934 年证券交易法》的注册要求）。因此，1999 年之后，电子公告板柜台市场的挂牌条件实际上包括两项：第一，至少有一家具备资格的做市商推荐；第二，已向美国证券交易委员会注册。公司向美国证券交易委员会注册意味着必须接受美国证券交易委员会关于持续性信息披露及其他监管要求。

2000 年 7 月以后，在电子公告板柜台市场报价的公司基本分为三类：第一种类型包括未能达到纳斯达克挂牌标准的新兴成长型公司；第二种类型包括几乎全控股的公司，特别是地区性的银行和保险公司；第三种是交易所或纳斯达克退市公司以及处于破产程序中的公司。

粉单市场挂牌条件。早期的粉单市场主要收集全国 OTC 市场报价证券的信息，然后予以发布；后来逐渐成为本身也提供报价服务的 OTC 市场，这时才可能有挂牌条件的问题。粉单市场对挂牌公司无任何要求，只要有做市商为股票提供报价即可，且做市商必须是获得证券交易委员会做市商资格的全美证券商协会会员；但挂牌公司无需向证券交易委员会注册。

当然，电子公告板柜台市场和粉单市场的挂牌公司中凡是股东 500 人以上、资产 1000 万美元以上的公司，都必须向证券交易委员会注册，履行作为公众公司的信息披露义务，接受美国证券交易委员会的监管。

私募证券交易市场是为私募证券提供转让的封闭系统，参与对象限于合格机构投资者，并不向社会公众开放，凡是根据美国 1990 年“144A 规则”发行的证券，均可以到私募证券交易市场转让。

2. 日本

绿单市场的挂牌标准。一家公司拟在绿单市场挂牌，须满足如下几方面的条件：

（1）证券必须是柜台可交易证券。要成为柜台可交易证券，须符合两个条件：第一，根据《证券交易法》有关规定编制《有价证券报告》或《有价证券登记表》，其中包含公司基本情况、经营状况、财务状况等信息；第二，编制年度财务报告，经会计师审计并出具标准无保留意见。此外，上市公司发行但未在交易所上市的证券视同为柜台可交易证券。

（2）事先委托一家“主名薄管理人”（name transfer agent）即证券登记机构，办理持有人姓名变更登记工作。

（3）至证券业协会根据《绿单市场规则》相关规定作出指定之日，证券符合协会规定的形式，且无任何转让限制。

（4）新兴部的特别要求。拟在新兴部挂牌的公司，《经营状况解释性报告》中商业计划概述、可行性分析及其他部分，必须包括公司挂牌当年及其后一年的预测销售额、预测正常利润额等内容。

（5）投资信托/特殊目的公司部的特别要求。拟在该层次市场挂牌的证券须符合如下任一条：①发行人须按《证券交易法》

第24条第1段规定提交《有价证券报告书》（仅限于最近向总理府金融监督厅提交的《有价证券报告》或《有价证券登记表》被会计师出具非标准审计意见的发行人）；②发行人须提交《经营状况解释性报告》，且必须由发行人编制。

挂牌程序方面，拟在绿单市场挂牌的公司必须首先经管理券商调查，管理券商认为可以推荐的，由券商向证券业协会提出申请，并提交《经营状况解释性说明》。经协会批准后，证券方可到绿单市场挂牌。

2004年之前日本佳斯达克挂牌股票分为三类：登记股票、管理股票及特则股票。2010年佳斯达克与大阪交易所合并后，佳斯达克作为大阪交易所的一个分部，维持了内部分层。新佳斯达克分两层：一是标准型，为具有一定盈利水平和规模的企业服务，要求企业净资产额2亿日元、税前利润1亿日元以上；二是成长型，为技术、商业模式独具特色但尚未盈利的企业服务，仅要求净资产为正。

佳斯达克（JASDAQ）、东证创业板（Mothers）、新市场（Hercules）三个市场的挂牌标准有所差别，JASDAQ要求挂牌公司至少成立满一年；Mothers 针对的公司只要具备成长潜力，都列入可上市对象，但要求成立时间至少一年；而 Hercules 对公司无成立年限的要求。对于挂牌申请时的公司市价总值要求，JASDAQ 要求达到 5 亿日元，Mothers 要求 5 亿日元，Hercules 则对此无要求。另外佳斯达克还要求公司股东达 300 人以上。

4.1.3.2　新兴市场经济国家（地区）

1. 韩国

韩国实行公司注册制度。在注册制下，当公司拟公开募集资金、准备申请上市、或者准备与上市公司合并时，必须先向金融监管委员会办理注册；希望证券在场外市场交易的非上市公司的公开发行也须向金融监管委员会注册，即：所有公司的公开发行均须向金融监管委员会注册。另外，中央及地方政府、证券投资信托公司和适用特定法律的公司则不适用向金融监管委员会注册的规定。

申请到柜台交易市场（Free Board）挂牌交易的公司，由发行公司自行或由作为韩国金融投资协会（KOFIA）会员的经纪商代为向 KOFIA 申请登陆。

在柜台交易市场挂牌并不考察公司的财务状况以及股权分散等因素，对公司存续年限、实收资本等均无要求，公司只要满足以下条件即可申请挂牌：

（1）上一年度财务报告经外部审计人员审核并出具无保留意见；

（2）股票必须存放在韩国证券登记存管机构，且不能限制股票转移；

（3）公司必须与符合资格的股票代理机构签定代理合同；

（4）未经公开承销的股票，一年之内不得申请挂牌；

（5）摘牌之日起两年之内才可申请。

2. 中国台湾

（1）兴柜市场。中国台湾兴柜市场的定位包括两个方面：一是上柜上市企业的预备市场，因法律规定拟上柜、上市企业均须在兴柜市场交易满 6 个月后方可申请上柜、上市；二是公开发行未上市股票的统一交易市场，意在收编公开发行未上市股票的地下交易市场，维护公平、公正、公开交易秩序，保护投资者权益。

（i）登录条件。正是基于上述定位，兴柜股票的登录条件极为宽松：

①必须是公开发行公司。

②经两家以上证券商书面推荐并检送最近一个月对该公司之“财务业务重大事件检查表”，并指定其中一家为主办。

③在柜台买卖中心所在地设有专业股务代理机构或股务单位办理股务。

④募集发行之股票及债券，皆应为全面无纸化发行。

⑤公开发行公司初次申请其股票登录为柜台买卖者，应提出股份由其推荐证券商认购已发行股票总数3%以上且不低于50万股。

⑥银行、证券、保险、期货等金融业公司应先取得主管机关的同意文件。

（ii）审核程序。公开发行公司初次申请其股票登录为柜台买卖者，应填具兴柜股票柜台买卖申请书，备齐所载明之附件，送由柜台买卖中心总收发签收、登记及编号后分发由中心上柜部承办。

中心承办人员接受分配之兴柜股票柜台买卖申请案后，应填制《发行人申请兴柜股票申请书件记录表》，检查所送申请书件是否齐备，并拟具是否同意其股票登录为柜台买卖之明确意见于收文日起之三个营业日内签请中心总经理核示。

承办人员检查申请公司所送之申请书件齐备且合于登录为柜台买卖者，应拟具同意其股票登录为柜台买卖之明确意见，经中心总经理核准后通知申请公司，并将该公司概况资料揭示于本中心网站五个营业日及公告其股票自第六个营业日起开始柜台买卖。申请公司之股票经中心同意其登录为柜台买卖者，应与中心签订兴柜股票柜台买卖契约。

（2）盘商市场。盘商市场属于无明确法律地位、处于法律灰色地带的非上市（柜）公司股权转让场所，其对挂牌交易的公司无任何进入门槛要求，所有公司均可到盘商的营业场所或通过电话、网络等方式进行非上市股票的委托买卖。当然，盘商市场也接受已经上市（柜）公司股权挂牌交易。

4.1.3.3 转轨经济国家

本部分仅分析俄罗斯 RTS 系统挂牌标准的有关情况。

根据俄罗斯《证券进入 RTS 系统交易的规则》(Rules for Admission of Securities to Trading within the Non - profit Partnership RTS) 的相关规定，RTS 系统挂牌公司分为三个层次，分别是报价单 A—1、报价单 A—2、报价单 B，三个层次对于挂牌公司的标准有所不同。

1. 报价单 A—1 的挂牌标准

《证券进入 RTS 系统交易的规则》第 5.1 条规定，符合第 4 章要求并且满足以下条件的公司发行的证券可以进入报价单A—1：

（1）个人及其直系亲属持有发行股票不超过 75%，如果个人及其直系亲属持有一个发行人普通股达到或超过 75%，则自达到之日起 5 日内应将此信息上报会员（这个要求仅仅适用于进入报价单的普通股股份）；

（2）市值要求：普通股市值不少于 100 亿卢布，优先股市值不少于 30 亿卢布，市值计算方法为股份数量乘以加权平均成本；

（3）如果发行债券，则数量不得少于 10 亿卢布；

（4）发行人须经营业务至少三年；

（5）发行人前三年经营年度至少两年盈利；

（6）在会员市场中的前三个月的月交易量应达到：股票不少于 2500 万卢布，债券不少于 1000 万卢布；

（7）发行人须在本会计季度起的 15 日之内向会员提交季报，原始报表以邮寄方式提交，复印件通过 E－mail 提交；

（8）发行人须保存其经过审计的年报（符合国际会计准则或者美国通用会计准则

的）。

2. 报价单 A—2 的挂牌标准

《证券进入 RTS 系统交易的规则》第 5.2 条规定，符合第 4 章要求并且满足以下条件的公司发行的证券可以进入报价单A—2：

（1）个人及其直系亲属持有发行股票不超过 75%，如果个人及其直系亲属持有一个发行人普通股达到或超过 75%，则自达到之日起 5 日内应将此信息上报会员（这个要求仅仅适用于进入报价单的普通股股份）；

（2）市值要求：普通股市值不少于 30 亿卢布，优先股市值不少于 10 亿卢布，市值计算方法为股份数量乘以加权平均价格，且价格在所有市场交易的基础上计算；

（3）如果发行债券，则数量不得少于 5000 亿卢布；

（4）发行人须经营业务至少三年；

（5）发行人前三年经营年度至少两年盈利；

（6）在会员市场中的前三个月的月交易量应达到：股票不少于 250 万卢布，债券不少于 100 万卢布；

（7）发行人须在本个会计季度起的 15 日之内向会员提交季报，原始报表以邮寄方式提交，复印件通过 E－mail 提交；

（8）发行人须保存其经过审计的年报（符合国际会计准则或者美国通用会计准则的）。

3. 报价单 B 的挂牌标准

《证券进入 RTS 系统交易的规则》第 5.3 条规定，符合第 4 章要求并且满足以下条件的公司发行的证券可以进入报价单 B：

（1）个人及其直系亲属持有发行股票不超过 90%，如果个人及其直系亲属持有一个发行人普通股达到或超过 90%，则自达到之日起 5 日内应将此信息上报会员（该要求仅仅适用于进入报价单的普通股股份）；

（2）市值要求：普通股市值不少于 15 亿卢布，优先股市值不少于 5 亿卢布，市值计算方法为股份数量乘以加权平均价格，且价格在所有市场交易的基础上计算；

（3）如果发行债券，则数量不得少于 3000 亿卢布；

（4）发行人须经营业务至少一年；

（5）在会员市场中的前三个月的月交易量应达到：股票不少于 150 万卢布，债券不少于 50 万卢布；

（6）发行人须在本个会计季度起的 15 日之内向会员提交季报，原始报表以邮寄方式提交，复印件通过 E-mail 提交。

4.1.3.4 小结

各国（地区）对于场外市场的公司挂牌标准要求差别较大，其中，美国由于场外市场层次多而且清楚，能够涵盖各种类型的非上市公司；日本要求有一定成长潜力的公司；韩国则对挂牌公司财务无要求，只要在韩国证券登记存管机构存管即可；中国台湾地区的兴柜市场要求必须是已公开发行的公司；俄罗斯的 RTS 系统则有比较严格的分层次挂牌标准。具体参见表 4－5 所示。

表 4－5　各国（地区）场外市场公司挂牌标准比较

市场	美国			日本绿单市场（Green Sheet）	韩国柜台交易市场	中国台湾地区		俄罗斯交易系统
	电子公告板柜台市场（OTCBB）	粉单市场（Pinksheet）	私募证券交易市场（Portal）			兴柜市场	盘商市场	
挂牌要求	需向美国证券交易委员会注册；至少一家证券商推荐	至少一家做市商愿意报价	根据 144A 规则发行的证券	具成长潜力；至少一家证券商推荐	集中登记存管即可	公开发行公司	无任何要求	对三类公司均有较为严格的详细要求

4.1.4　各国（地区）证券场外市场转板制度比较

4.1.4.1　发达国家

1. 美国

先看看美国交易所市场之间的转板制度。2006 年以前，纽约证券交易所是美国最高层次的一个市场，当然，各交易所市场之间无程式化的转板机制，达到条件的公司是否转板完全取决于自身意愿。实践中，每年有一些公司离开纳斯达克转板到纽约证券交易所。据统计，仅在 2001 年、2002 年、2003 年三年中，每年自纳斯达克转入纽交所的公司家数分别达到 32 家、43 家、20 家。2004 年，纽约证券交易所相继陷于场内专家（或称指定交易商）违规与格拉索薪酬丑闻之中，转板势头发生逆转，当年无公司自纳斯达克转入，2005 年也仅有 5 家公司自纳斯达克转入纽约证券交易所。

当然，纽约证券交易所中的部分上市公司也有转到纳斯达克的，仅 2005—2007 年期间即有 8 家公司离开纽约证券交易所转到纳斯达克上市。据纳斯达克统计，截至

2009年年底，自纽约证券交易所转板到纳斯达克的公司总市值超过2000亿美元，其中包括芝加哥期货交易所、沃达丰、新闻集团、梦工厂等知名企业。这可能与2006年纳斯达克在证券交易委员会注册为全国性交易所后宣布成立的全球精选市场有关，因为这一市场板块的财务指标是全世界最高的。

美国的场外市场与交易所市场，主要是电子公告板柜台市场与纳斯达克、美国证券交易所之间实行非常明确的转板制度。电子公告板柜台市场与纳斯达克的小型资本市场（2006年后为资本市场）、全国性市场（2006年后为全球市场），以及美国证券交易所都存在转板机制，而场外市场之间，即粉单市场与电子公告板柜台市场之间的挂牌公司也经常互相流动。2006年纳斯达克注册为交易所后，其与电子公告板柜台市场之间的转板制度仍然有效。

按照相关规定，场外市场报价公司满足下列条件可申请升入纳斯达克的资本市场层次：（1）净资产达到500万美元或年税后利润超过75万美元或市值达5000万美元；（2）流通股100万股；（3）最低股价为4美元；（4）股东超过300人；（5）有3个以上的做市商等。每年都有一批公司自电子公告板柜台市场转入纳斯达克上市（表4－6）。

表 4－6　　OTC 转板到纳斯达克公司数量

年份	2003	2004	2005	2006	2007	2008	2009
公司家数	43	39	60	47	75	45	47

数据来源：NASDAQ 网站。

2. 日本

绿单市场与交易所之间可以转板。绿单挂牌公司如符合交易所上市标准的，可以到交易所上市交易。据统计，2003 年 2 月至 2007 年 10 月，共有 9 只绿单股票升板到交易所上市。其中 4 只升板到东京交易所的创业板，1 只升板到大阪交易所的新上场，1 只升板到福冈交易所的 Q 板，还有 3 只升板到札幌交易所。

绿单市场内部的四个层次：即新兴部、普通部、投资信托/特殊目的公司部、退市公司部也存在转板机制。其中，新兴部、普通部的挂牌公司转板较多。如果管理券商认为新兴部哪家挂牌公司不再符合板块要求，或其经营业绩未达预期业绩的 50%，则随时可向日本证券业协会申请转板到普通部。

当然，绿单市场的挂牌公司也可彻底摘牌。当管理券商不再愿意为挂牌证券提供报价服务，或者公司自身不愿挂牌时，可以向证券业协会申请自绿单市场摘牌。日本证券业协会可以在下列情形下实施强制摘牌：

(1) 公司已在交易所上市；

(2) 公司进入破产、清算程序；

(3) 公司在银行获得不良信用记录；

(4) 公司丧失持续经营能力；

(5) 未能及时披露公司经营情况说明书；

(6) 披露虚假信息或信息披露不规范；

(7) 经过股票交易后公司变为独资企业，不再是公众公司；

(8) 其他证券业协会认为应当摘牌的情形。

在 JASDAQ 市场挂牌的两类上市公司股票，即标准型公司股票和成长型公司股票由于利润及净资产额有差别，两类股票之间可以转板。如果 Mothers 市场中的股票达到东京交易所一部或二部的上市标准，可经过转板程序转到东交所一部或二部；Hercules 市场的股票如达到大阪交易所的一部或二部上市标准，也可转板到大阪交易所一部或二部。

4.1.4.2 新兴市场经济国家（地区）

1. 韩国

2005 年之前，韩国科斯达克（KOSDAQ）与韩国证券交易所（KSE）、柜台交易市场（KOTCBB）之间存在转板制度。只要符合相应市场的上市（上柜）条件并提交申请，在低一层次市场挂牌的公司即可转板到较高层次的市场。几乎每年都有大公司从 KOSDAQ 转板到 KSE，如 2002 年、2003 年分别就有 7 家、6 家；同时，每年也有公司从 KOTCBB 转到 KOSDAQ 挂牌交易；或者从 KOSDAQ 退市，转到 KOTCBB 交易。

2005 年 1 月，韩国在原来的韩国证券交易所、科斯达克、期货交易所的基础上，整合成立韩国交易所（Korea Exchange），同时，作为场外交易的 KOTCBB 市场改为 Free Board 继续存在。这样，韩国各层次市场之间的转板就完全转化成为韩交所内部、Free Board 与韩交所之间的转板机制。

（1）韩交所主板退市规定。当上市公司有下列情形之一时，交易所有权对其处以股票退市的处理：

（i）未按照法令规定时限公告财务报告且达到一定时间；

（ii）会计师审核意见：于年度财务报告出具拒绝意见或无法表示意见；于最近年度及下一年度财务报告出具审核范围受限制

的保留意见；

（iii）公司营业全面停顿达六个月；

（iv）公司遭银行退票或有与银行拒绝往来的情形而未获得解决；

（v）最近两个会计年度财务报告显示净值低于实收资本额的50%，或者最近年度净值为负数；

（vi）最近两个年度财务报告显示股权分散未达一定标准；

（vii）月平均交易量连续两个季度未达上市股数的一定比例；

（viii）公司申请重整；

（ix）连续两个年度外部董事未达规定比例或未建立审计委员会；

（x）公司解散；

（xi）最近两年内违反信息披露义务两次以上者，再次违反（两年内违反三次以上者）；

（xii）限制股份转移；

（xiii）由另一上市控股公司持有该公司股份100%；

（xiv）最近年度财务报告显示营业收入低于50亿韩元；

（xv）股票每日收盘价低于面值20%达一定时间；

（xvi）在 60 个交易日内，该公司股票市值连续 10 日或于其中的 20 日低于 25 亿韩元。

（2）科斯达克（KOSDAQ）下柜规定。公司有下列情形之一者，即应下柜：

（i）信息透明度：A. 上柜申请文件及其附件有虚假成分；B. 过去两年有信息披露不实达三次以上者；

（ii）营业不佳：A. 公司财务发生困难；B. 主要营业项目停业达 6 个月以上；C. 净值低于实收资本的 50%；

（iii）股票流通性不佳：A. 无交易记录达三个月以上；B. 未达到股权分散标准达一年以上尚未改善；

（iv）变现性不佳：股价低于面值的 20%；

（v）其他需要下柜的情形。

（3）柜台交易市场取消登陆的规定。如果公司有下列情形之一，将会被取消登陆资格，并应该通过报价揭示系统（Quote Dissemination System，QDS）公告：

（i）申请文件有重大疏漏或虚假不实；

（ii）被其他公司合并；

（iii）未能持续符合登陆资格；

（iv）一年以上无成交记录；

（v）经常故意或非故意未能提供规定报表；

（vi）已在韩交所主板或科斯达克挂牌；

（vii）发行公司申请撤销登陆；

（viii）当公司违反法令时，韩国金融投资协会（KOFIA）认为有撤销登陆的必要的。

如果柜台交易市场的挂牌公司符合交易所上市条件，可以申请转板到交易所，转板条件与其他直接申请上市的条件一致；但柜台交易市场挂牌公司享有一定的优惠政策，例如当申请到交易所上市的企业较多时，可以不必排队。

2. 中国台湾地区

中国台湾地区多层次证券市场的四个层次：第一层台湾证券交易所，第二层柜台买卖中心市场，第三层兴柜市场（由柜台买卖中心代管），最后一个层次盘商市场，即非公开的私人股权交易市场，前三个层次间存在转板机制。

台湾证券市场的转板，主要包括柜台买卖中心交易的股票申请转向台交所上市（第二层转至第一层）、兴柜市场股票转往柜台买卖中心或者台交所（第三层转至第一或二层）两类情形。由于盘商市场未获监管当局认可，不存在转板问题。

（1）柜台买卖中心股票转向台湾证券交易所。2000 年，台湾证券交易所颁布《上柜公司转申请上市审查准则》，制定了专门的转板条件和审查程序。一段时期内，由柜台买卖市场申请移转至交易所上市的公司，远比直接申请上市的公司要多，仅 2000—2002 年 3 年间，就有 155 家上柜公司在发展壮大后转板到台湾证券交易所上市。

2005 年 4 月，《上柜公司转申请上市审查准则》废止。上柜公司转上市的条件与审核程序，与一般企业上市基本趋同；但在审核程序的实践操作上，较之初次申请上市企业，转上市程序中台交所对于之前柜台中心审核过的内容，将不再重复审查，因此程序较为简便，时间变短。

（2）兴柜市场股票转往柜台买卖中心或台交所。由于兴柜市场是台湾交易所和柜台买卖中心的预备市场，在兴柜交易的公司申请上市或上柜，必须按交易所、柜台买卖中心的上市或上柜审核程序进行，无优惠政策措施。截至 2009 年年底，兴柜市场累计挂牌公司已达 981 家，其中先后累计 435 家转往柜台买卖中心上柜，113 家转往台交所上市，分别占比 44.3%、11.5%。这也就意味着，兴柜市场自 2002 年 1 月成立至 2009 年年底，转板上市或上柜的挂牌公司累计超过一半（55.8%）。

在兴柜市场挂牌的公司若触发一定的标准，也将被摘牌，截至 2009 年年底，已累计有 210 家公司从兴柜市场除牌，占比 21.4%。兴柜挂牌公司达到下列条件之一者，将被彻底摘牌：

（i）股票已经在交易所上市或柜台买卖中心上柜；

（ii）按规定已暂停交易达 3 个月，但暂停交易的原因仍未消除；

（iii）撤销辅导股票上市或上柜契约，或者已无推荐证券商；

（iv）经法院裁定宣告破产、重整或重整申请被驳回；

（v）被主管机关撤销公司登记或予以解散；

（vi）发行人提出申请，或兴柜市场认为有重大事项需终止其股票买卖。

4.1.4.3 转轨经济国家

本部分仅分析俄罗斯 RTS 系统的转板情况。

俄罗斯 RTS（Russian Trading System）系统内部存在非常明确的转板与摘牌制度。《证券进入 RTS 系统交易的规则》（Rules for Admission of Securities to Trading Within the Non - profit Partnership RTS）对转板与摘牌有明确具体的规定。

1. 转板与摘牌的原则性规定

《证券进入 RTS 系统交易的规则》规定，较低层次的挂牌证券如果符合更高层次的挂牌标准，可以转板到较高层次挂牌；如果各层次挂牌证券达不到相应的标准时，应予摘牌。挂牌证券的摘牌可通过自高一级的报价单转到较低一级的报价单来实现（例如进入非报价交易证券），如果以上的证券和其发行者达到较低挂牌要求的话。摘牌由会员报价委员会（The Partnership's Quotation Committee）决定并执行，证券摘牌的同时交易也停止。如果报价委员会发现任何达到摘牌的原因，或者会员收到国家证券委员会发布的命令，则摘牌应在一个月之内完成。

《证券进入 RTS 系统交易的规则》第 12.3 条规定，在 5.5 条、6.1 条和 6.2 条的情形中，如果前 3 个月的最低平均月交易量低于最低数据，相应证券的摘牌程序要在进入报价单的最初6个月之内进行。

2. 完全摘牌的有关规定

如果挂牌证券触发一定的条件，则该证券应被彻底摘牌，即不在任何层次市场挂牌。《证券进入RTS系统交易的规则》第12.1条规定，当发生以下情况时，会员报价委员会将根据上市部的决定将公司证券和投资份额摘牌：

（1）证券与发行人（或共同基金管理公司）达不到挂牌交易的要求；

（2）会员应市场参与者基于客观理由的请求；

（3）挂牌交易证券的协议中止；

（4）信息交换协议中止；

（5）证券发行失败或无效；

（6）证券流通期限到期；

（7）发行人关闭（或共同基金解散），或者发行人（或共同基金）宣布破产；

（8）发行人（或共同基金管理公司）屡次违反俄罗斯联邦证券法以及国家证券委员会的法令；

（9）发行人（或共同基金管理公司）未能在6个月内纠正被发现的违反法律法规的行为；

（10）申请者，即发行人（或共同基金

管理公司）未能在规定期限内提供符合要求的信息。

3. 各层次市场摘牌的有关规定

如果挂牌证券不符合某一层次市场的挂牌要求，应当从该层市场摘牌。《证券进入 RTS 系统交易的规则》第 12.2 条规定，会员报价委员会将在以下情况时执行摘牌程序：

（1）发行人发行的证券（或共同投资基金份额）前 6 个月的平均月交易量少于：报价单 A—1：股票 5000 万卢布，债券 2500 万卢布，投资基金份额 50 万卢布；报价单 A—2：股票 500 万卢布，债券 250 万卢布，投资基金份额 30 万卢布；报价单 B：股票 300 万卢布，债券 100 万卢布，投资基金份额 10 万卢布；

（2）证券及其发行人不符合进入报价单的要求；

（3）会员收到共同基金管理公司、发行人向委员会提交的摘牌申请；

（4）发行人在前三个会计年度亏损；

（5）发行人已经通过决议豁免购买者，购买者已经购进 30% 或以上的普通股股份，并向其余股东发出收购要约；

（6）挂牌协议中止。

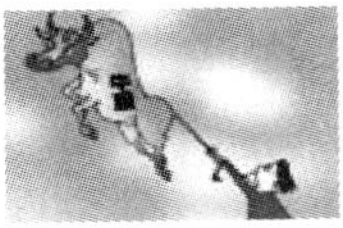

4.1.4.4 小结

从各国（地区）的转板情况来看，场外交易市场普遍与创业板市场、交易所之间存在明确的转板制度，最为典型的就是美国的电子公告板柜台市场与纳斯达克之间，韩国的Free Board与科斯达克的转板也很成功；至于中国台湾地区的转板，兴柜市场本来是作为上市（柜）的预备市场，但是2005年4月之后其与柜台买卖中心、中国台湾交易所之间无明确的转板制度，如要上市（柜）需按照正常程序申请，盘商市场则由于未获法律地位，更加谈不上转板；俄罗斯RTS系统内部三层市场之间，有明确的转板与摘牌制度。

4.1.5 各国（地区）证券场外市场的交易制度比较

4.1.5.1 发达国家

1. 美国

（1）电子公告板柜台市场的交易制度。电子公告板柜台市场挂牌证券交易实行做市商制度，主要内容如下：

（i）对做市商的要求。电子公告板柜台市场是一个以做市商主导的市场，其交易制度的核心内容是对做市商的要求。具体内容如下：

①满足有关柜台做市商财务与营运要求的全国证券商协会会员都可以自愿成为电子公告板柜台市场的做市商，成员做市商在提供某一合格证券的报价时必须符合纪律要求。

②另类交易系统或电子交易网络也有资格申请加入此服务系统，但它们首先必须成为全美证券商协会（NASD）的会员；若不是全美证券商协会的会员，则需满足电子公告板柜台市场规则中有关对成员做市商的要求。

③满足一定报价频率的合格证券被称为“活跃证券”，电子公告板柜台市场成员只需登记为某一活跃证券的做市商，就可以随时开展对该证券的报价活动；对所有其他的证券，电子公告板柜台市场成员则需遵照一定的程序成为某一合格证券的做市商。

④被允许的报价。某一合格证券的做市商可以在系统中挂出一个表明价格的买盘或卖盘，也可以是没有明确价格的买或卖的意向，还可以是一个伴随浮动区间的买、卖

盘。每个报价必须包括做市商的交易电话。

⑤不被允许的报价成员或成员的雇员都不能对未满足合格证券要求的任何证券进行报价；他们也不能对未在证券交易委员会注册的证券提供报价。

⑥自动终止做市商登记。做市商可以撤回报价，自动终止成为某一合格证券做市商的登记，之后该成员可以重新登记为此证券的做市商。

⑦结算。做市商需通过某一经注册的结算机构清算其所完成的交易。

⑧对限价委托的保护。a. 成员做市商不能先于客户的现价委托以相同或更优的价格执行自己的交易，但成员没有义务接受每一客户的限价委托。b. 成员做市商可以通过“价格改进”来避免上款的责任，价格改进是指：当客户的限价委托落在最优买卖价差区间之内时，价格改进必须至少为$0.01或最优买卖价差区间的一半。

⑨证券终止交易与报价。为了保护投资者和公众利益，金融业监管局（FINRA）有权在下述情况出现时，要求做市商停止对电子公告板柜台市场某一证券的交易与报价：a. 如果电子公告板柜台市场证券或ADR的基础证券在国外交易所上市，该证

券由于涉嫌损害公众利益而遭停牌；b. 若电子公告板柜台市场证券或 ADR 的基础证券是某一全国性证券交易所上市证券的衍生产品，该证券遭停牌；c. 电子公告板柜台市场证券或 ADR 的基础证券发行者未能履行及时公布公司信息的要求。

（ii）在电子公告板柜台市场对某一证券报价的启动。做市商只有在获得并持有某一证券发行人的信息文件后，才可以开始对其报价。

①为了防止欺诈、操纵等行为，经纪人、交易商首先须获得并持有某一证券的如下资料，并确认下述信息与②项中的信息准确无误，来源可靠，方可对其进行直接或间接的报价，否则被视为违法：

a. 经注册的招股说明书，经纪商或交易商须于该招股说明书生效后的 90 天内开始报价；

b. 经注册的发行公告；经纪商或交易商须于该发行公告生效后的 40 天内开始报价；

c. 经注册的最近一年年报以及此后的季度报告与临时报告；

d. 当客户有意对一证券进行交易时，经纪商或交易商应根据客户要求向其提供上述资料；

e. 经纪商或交易商还需应客户要求向其提供诸如：发行者名称、办公地点、证券简称与归类、证券面值、过户代理商的名称与地址、业务性质、所提供产品与服务性质、首席执行官与董事会成员姓名、最新的资产负债表与利润表、前两个财政年度的资产负债与利润表等发行人基本资料，此外需提供的资料还有如：经纪或交易商及其工作人员是否与发行人有关联、是否替其他经纪或交易商进行报价、是否为发行人、董事、任何直接或间接持股10%以上的股东进行报价。

②经纪或交易商还需保留如下资料：

a. 代客户报价时的有关记录；

b. 12个月内美国证券交易委员会关于暂停某一发行人证券交易的通告；

c. 进行报价前经纪或交易商对该发行人所了解的其他任何情况。

③经纪或交易商应保留上述两类资料至少3年，并且前两年应把有关资料置于易查询的地方。

（iii）电子公告板柜台市场的交易报告制度。柜台股本证券交易毋须进行实时报告，只需遵守如下规定：

①对于正常交易时间内的交易，柜台做市商应于交易执行后的 90 秒内通过自动交易确认服务系统（ATC）递交上一交易报告。

②正常交易时间以外达成的交易，如在东部时间早上 8:00—9:30 和下午 4:00—6:30 间达成的交易，仍需在交易执行后的 90 秒中通过 ATC 递交报告，并标以“.T”字以示区别。

③东部时间 8:00am—6:30pm 之外达成的交易，收市价不仅需标以“.T”或“as/of”（T+1 日报告），还应表明具体交易执行的时间，报告者及其报告内容尚需受有关规定规范。

④会员未履行及时报告交易责任时，将被认为构成与商业信誉标准、公正公平交易原则不一致的行为，进而受到处罚。

⑤交易的哪一方负责申报：a. 做市商之间达成交易时，卖方履行报告职责；b. 做市商与非做市商之间达成交易时，做市商负责报告；c. 非做市商之间达成交易时，卖方负责报告；d. 会员与客户之间达成交易时，会员负责报告。

⑥需申报的内容。对交易的报告需包含如下信息：OTC 股本证券代码、交易股数、

交易价格以及买卖标记。

(2) 粉单市场交易制度

(i) 粉单市场的做市商制度。只有获得美国证券交易委员会做市商资格的全美证券商协会会员才能为粉单市场挂牌证券提供报价服务。

根据美国证券交易委员会 15c2－11 相关规定，做市商对所负责报价证券承担相应的信息披露义务，在发布证券报价前须了解并收集发行人的相关材料，包括业务概况、所在地、联系办法、高管名单、发行数量、股份登记机构、招股说明书、财务报表、利润留存及损益表等信息，并有充分理由相信所收集材料是准确的，来源是可靠的。证券挂牌后做市商须继续履行对报价证券的跟踪义务，违反规定的将被处以停止交易 10 天的处罚。10 天后，重新满足相关规定的，可向美国证券交易委员会提交恢复做市商资格申请，附加所负责证券发行人最近财务信息，经认定后可恢复资格。

全美证券商协会要求做市商在发布报价的 3 天前提交报价申请。全美证券商协会对申请报告的审查期限不定，取决于是否需要提供附加材料以及附加材料所需时间。此外，所有交易必须在 90 秒之内通过自动确

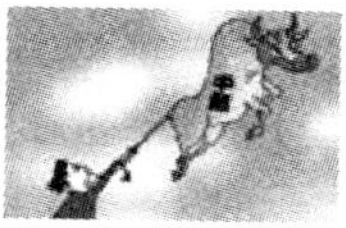

认交易服务系统报告全美证券商协会。

（ii）粉单市场交易时间。粉单市场遵守纳斯达克的交易时间，即 9:30—16:00，报价系统每个交易日 7:00—17:00 开放。

（iii）粉单市场报价。对粉单市场实时报价有需求的人士，预订后可在 OTC-Quote. com 网站获取。pinksheets. com 在 8:00—16:00 提供报价，有 15 分钟滞后。

（3）私募证券交易市场的交易制度

到目前为止，私募证券交易市场仅仅是一个议价转让市场。在该系统中，机构投资者和经纪商可通过终端和私募证券交易市场系统相连，进行私募证券的交易。目前，该市场已经提供电子荧幕显示买卖价格，但委托买卖仍然限于使用电话。

2. 日本

绿单市场实行做市商制度。挂牌证券可以选择每日报价或每周报价，如果是每日报价，则管理券商与副管理券商应当于每个交易日在其营业部柜台连续提供买入报价和卖出报价；如果证券为每周报价，则管理券商与副管理券商每周至少公布一次报价。绿单市场每日交易时间为上午 9 点至下午 3 点。

对于每日报价的绿单证券，管理券商与

副管理券商必须在每个交易日下午5点前，填写特定表格向证券业协会报告最新报价；对于每周报价的证券，管理券商与副管理券商必须在每周一下午5点前向协会报告最新报价。2003年7月后，绿单市场投资者交易不仅限于开户的证券公司营业部，可通过PTS系统进行跨区域、跨公司的交易。

东京证券交易所的Mothers市场交易制度采用与一部、二部同样的集中竞价交易方式；大阪证交所的Hercules新市场，采用的方式与东京证交所相同，也是集中竞价的交易方式，因此，Mothers与Hercules虽然是创业板市场，但却是完全的交易所附属市场，不具备场外市场的基本特征。

1976年日本设立柜台交易市场之日起，佳斯达克（JASDAQ）市场即采用委托指令驱动的交易制度，即集中交易制度。1991年，JASDAQ交易实现电子化，于是集中竞价的交易方式更加成熟。1998年开始，JASDAQ在部分股票上引入做市商制度，取代原来的竞价交易制度。因此，JASDAQ的交易制度，是以集中竞价交易为主、做市商制度为辅。

2004年之后JASDAQ注册成为证券交易所，2010年4月JASDAQ与大阪证券交易所合并，JASDAQ 成为大阪证券交易所的创业板部，其交易制度仍然沿袭了集中竞价交易为主、做市商为辅。

4.1.5.2　新兴市场经济国家（地区）

1. 韩国

科斯达克（KOSDAQ）市场自 2005 年初整合成为韩国交易所的 KOSDAQ 部之后，已经正式转为证券交易所。而且即使在此之前，KOSDAQ 一直采用集中竞价的交易制度，与证券交易所的集中交易方式等同，而不是做市商或协议转让的方式，因此不具备场外交易的基本特征。

1991 年 10 月起韩国为场外交易市场设立专门的交易大厅，实际上充当了信息收集与发布的功能，其交易制度为买卖双方的场外协议转让。2000 年起设立的 KOTCBB 市场、2005 年取代 KOTCBB 的 Free Board 市场，采取的交易制度均为协议转让，但买卖双方须通过 KOSDAQ 系统进行意向报价，且如有两个同样报价，遵循时间优先原则。Free Board 每天的交易时间为上午 9 点至下午 3 点。

2. 中国台湾地区

中国台湾地区的证券场外市场包括兴柜

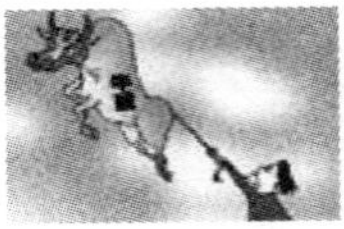

市场和盘商市场，这两个市场的交易制度有所不同，下面分别加以介绍。

（1）兴柜股票市场。兴柜市场的交易采用做市商制度，投资者买卖兴柜股票必须与推荐证券商进行交易。事实上，台湾推荐证券商也就是做市商。推荐证券商主要责任和义务为：必须在每日开盘前报价，数量不得低于 2000 股（2008 年 10 月前规定为 1000 股），每位推荐证券商向柜台买卖中心上报买入卖出价格与数量，如有投资者在此价格上申报，则上报该价位的推荐证券商有成交的义务。早期兴柜市场采取人工议价交易方式，交易系统仅提供股票报价及成交信息。2003 年 9 月，兴柜市场推出计算机议价点选系统，该系统提供证券经纪商委托单自动传送及推荐证券商议价点选成交两项功能，使兴柜市场交易效率大为提升。

投资者买卖兴柜股票须自行选择证券商进行交易。一般有两种途径：一种为投资者直接与推荐证券商议价交易，但其每笔交易数量应在 10 万股以上；另一种为委托证券经纪商与推荐证券商进行议价交易。直接与推荐证券商的交易证券商不得收取手续费，委托经纪商与推荐证券商的交易证券商可收取不高于 0.5% 的手续费（不低于

50 元）。

兴柜股票不能进行信用交易，没有涨跌幅限制，结算时间为 T+2 日。自营商、外资可以买卖兴柜股票，但投信基金买卖有所限制。

（2）盘商市场。盘商股票市场之交易方式大多通过人工议价撮和，投资者得以限价或市价委托，交易方式一般可分为电话下单、网络下单及亲自至营业处询价交易三种：

（i）电话下单。电话下单为目前投资人最普遍采行之交易方式。投资者先以电话向盘商询问欲买卖股票之报价，盘商则依投资者为买方或卖方分别回报当时之卖盘价格及买盘价格，若投资者同意盘商回报之价格，即可委托盘商买进或卖出。对于投资者委托买单与卖单，若受托盘商有足够数量的买卖单可以支应，则可径行成交。但若盘商所受托之买卖单并不足以支应应买或应卖需要，则盘商会将委托数据键入其专属报价系统向其他盘商受托之买卖单进行撮合。

（ii）网络下单。部分盘商通过建立网站，或提供未上市（柜）股票交易信息给信息厂商连接在网络上，因此投资者可通过一些比较著名的高新信息、X 类股—飞梭网、太阳神未上市财经网等未上市（柜）

股票财经信息网站，获得未上市（柜）股票的实时报价信息。这些网站除揭示买价与卖价之参考价格、公司基本数据与申请上市（柜）进度等信息外，部分也提供网络下单功能。投资者如果进行网络下单，只需在网站中填写委买或委卖单，待盘商收到该等委托后会将交易结果回报客户。

（iii）至盘商营业处所询价。部分具备一定规模的盘商设有专门的营业场所，投资者也可以直接到营业场所买卖。未上市（柜）股票的交割在成交后的第二个营业日完成。比较常见的方式，是由盘商代投资者完成包括缴交千分之三之证券交易税等过户手续，并于约定时间、地点交付股票与股款，即完成交易。

4.1.5.3 转轨经济国家

1. 俄罗斯

俄罗斯证券业协会（the National Association of Stock Market Participants）在联邦证券委员会（FCSM）的支持下，发起设立的依靠计算机网络运行的场外交易市场——俄罗斯交易系统 RTS（Russian Trading System），其交易方式不是采用集中竞价交易，也不是做市商制度，而是买卖双方协议转让的方式，股票所有权的转换是通过到另外一处专门的登记处来完成的，具备典型的场外交易特征。其具体的交易流程可表述如下：

最初，俄罗斯证券业协会的成员将所有股票的买卖报价发布在俄罗斯交易系统上，当双方达成买卖协议时，在第一天，双方在协议的复印件上签名之后用传真互相交换，由于这些传真协议缺乏法律效力，还要互相交换签名协议①。证券业协会的规则要求股票的卖方将签名之后的协议在三日之内到合适的登记处进行登记注册；股票被登记之后，买方和卖方会从登记处收到一个打印凭条②，于是买方自成交之日起的五日之内将款项划入卖方的银行账户。大多数的交易，以及几乎所有的非本国居民之间的交易是通过离岸账户进行清算的。由于股票在款项支付之前的两天之内已经交付，因此股票卖方就要冒交易对手逃债的风险。

2. 波兰

波兰有组织的证券场外市场，即在集中

---

① 如果客户愿意在经纪商的名下持有股票，那么这个股票就不需要经过登记程序，交易过程于是结束。在经纪商的名下而不是客户自己的名下持有股票，仅需要在经纪商的账户上改变即可，这样就避免了冗长的登记过程。

② 这种打印凭条无法律效力，主要当作备书之用，股票所有权的唯一证明来自登记处本身。

报价柜台（Central Offering Table 简称 COT）的组织之下的市场，其交易方式不是集中竞价，而是做市商制度，单只股票有多家证券商进行做市，投资者买卖股票直接与相应的做市商之间进行。

4.1.5.4 小结

概括而言，样本国家（地区）证券场外市场的交易制度主要是做市商制、一对一的议价交易（即协议转让）（详见表4－7）。

表4－7 各国（地区）证券场外市场交易制度汇总表

交易制度	美国			日本绿单市场（Green Sheet）	韩国柜台交易市场	中国台湾地区		俄罗斯交易系统	波兰OTC市场
	电子公告板柜台市场（OTCBB）	粉单市场（Pink Sheet）	私募证券交易市场（Portal）			兴柜市场	盘商市场		
做市商	√	√		√		√			√
一对一议价			√		√		√	√	
汇总	做市商	做市商	议价	做市商	议价	做市商	议价	议价	做市商

4.2 境外场外市场发展路径比较

4.2.1 发达国家证券场外市场的发展路径

1. 美国

美国证券场外市场的发展历程体现了典型的市场自然演进特征。1863 年美国纽约证券交易所正式成立之后，其他地区性交易所也相继成立，但是证券场外交易仍然存在，其主要形式是证券商在交易所之外以零售买卖的方式进行。由于证券商分布在全国范围内，这种场外交易具有高度分散性，各证券商与投资者无法同时准确知道某种股票的最新报价，证券市场中这一潜在的商机很快被商家所抓住。从 1904 年开始，一家私人经营的价格报告服务组织——全美报价局（National Quotation Bureau，简称 NQB）成立，报价局每天向全国范围的市场提供一本粉红色小册子，报告全美证券柜台交易行情；行情表列有公司名称、交易价格、做市商名称和电话号码等信息。直到1968年，由邦克·拉莫公司研制的自动报价系统获得应用，才取代了粉红色纸张的作用，但是这个最初级的场外市场仍被称作粉红单市场。这是世界范围内最早的有组织的证券场外交易市场。1999年9月，粉单市场引入电子实时报价服务系统，2000年6月，粉单市场公司（Pink Sheets，Inc.）成立，并推出网页pinksheets.com，利用网络为柜台证券提供高效服务。2008年，粉单市场更名为粉单OTC市场（Pink OTC Markets），提供完全的电子报价以及关于挂牌公司更多的信息。

粉单市场的自动报价系统于1968年问世之后，美国证券交易委员会明确表示，它希望有一个全国范围的电子计算机系统，确保更准确、快速地反映价格和市场情况的变化。1971年，全美证券商协会[1]发起设立“全美证券商协会自动报价系统”（National Association of Securities Dealers Automatic Quotation，以下简称NAS-

---

① 全美证券商协会成立于1939年，代表当时场外交易市场上的4000名证券交易商。

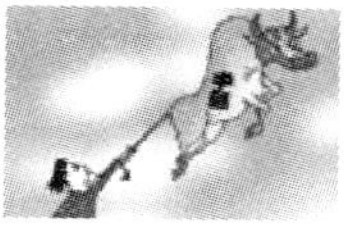

DAQ，即纳斯达克），通过自动报价系统使分布全美的 6000 个办事处的证券商有了直接联系。这一市场的起点是来自粉红单市场的 2500 种场外股票，其中发行公司有 100 万美元以上总资产，或 50 万美元以上净资产的股票转入纳斯达克（NASDAQ）挂牌。纳斯达克的成立使场外市场的形式高度组织化。纳斯达克成立之后，由于大量未达到纳斯达克挂牌标准的非上市公司的存在，粉单市场仍然同时独立存在和发展。纳斯达克挂牌股票与粉单市场一起，基本涵盖了美全国范围内几乎所有的有股权转让需求的非上市公司股票。

1975 年，纳斯达克规定了上市标准，使纳斯达克挂牌证券与其他场外交易证券分离开来，于是有了纳斯达克上市公司这一高级市场。至此，纳斯达克市场已经发展为与证券交易所高度类似的市场，与交易所主要的差异在于交易制度实行做市商制。1982 年，纳斯达克上市公司中的优质公司按照更高的上市标准组成全美市场体系，其余的公司则组成小市场体系，于是公开交易市场分出两个层次。2006 年初，纳斯达克正式注册为证券交易所，并宣布创建“全球精选市场”，该市场的上市标准“高于全球任何市场”，这样整个纳斯达克市场更加强化了内部分层制度，发展成为三个层次清晰的内部子市场。

1990 年，为便于交易并加强场外市场的透明度，美国通过低价股修正案，即《1990 年芬尼股票改革法》（Penny Stock Reform Act of 1990），该法授权美国证券交易委员会建立一个符合 1934 年证券交易法第 17B 条规定的电子系统，以协助公开报价及显示最近成交价信息。证券交易委员会随即责成全美证券商协会为场外交易设立电子公告板，向投资者提供未上市公司的股票信息。当年 6 月，电子公告板柜台市场（Over – The – Counter Bulletin Board，简称 OTCBB）开始试运行，并将一部分粉红单市场的优质股票转到电子公告板。

从 1993 年 12 月起，全美证券商协会要求所有国内场外交易证券在成交后 90 秒内必须透过自动确认交易服务系统（ACTSM）披露交易信息。1997 年 4 月，美国证券交易委员会批准电子公告板柜台市场修整后正式运作。1997 年 5 月，直接参与项目（Direct Participation Programs，DPPs）成为电子公告板柜台市场合法报价品种。1998 年 4 月，所有在证券交易委员会登记注册的外国证券及美国存托凭证（ADRs）也成为电子公告板柜台市场合法报价品种。

1999年1月4日，为了提高市场透明度和减少市场欺诈行为，证券交易委员会通过电子公告板柜台市场报价资格规则：拟在电子公告板柜台市场报价的证券将被要求向证券交易委员会提供最新财务报告以符合报价资格要求；已在电子公告板柜台市场报价而未提供报告的公司，被依法授予一宽限期以满足新要求，此类公司在1999年7月起至2000年6月前被逐步要求向证券交易委员会提供财务报告。

至此，美国的证券场外市场最终发展为电子公告板柜台市场和粉单市场，纳斯达克已从最初的场外市场完全演变为证券交易所。电子公告板柜台市场成立后一直直接使用纳斯达克的报价、交易和清算系统，同时接受全美证券商协会和美国证券交易委员会的监管，2007年开始接受美国金融业监管局（FINRA）的监管。而粉单市场则是一家完全独立于纳斯达克的私营企业，2010年起，粉单OTC市场成为证券交易委员会通过ATS规则正式监管的市场。

美国的证券场外市场发展，在市场自然发展的进程中，最初经历了分散、无序的状态，市场力量发现商机并产生粉单市场，而证券经纪商则联合发起设立组织化的证券场外市场，即纳斯达克，后来从纳斯达克分化出交易所与电子公告板柜台市场。当然，政府力量（美国证券交易委员会）在场外市场的发展进程中进行了适时的引导。

2. 日本

1949 年，日本证券业协会（Japan Securities Dealers Association，JSDA）建立了 OTC 交易系统，但 1961 年东京证券交易所设立二部后，其他交易所纷纷效仿，OTC 市场交易的股票全都转板到交易所上市，于是 OTC 交易系统废除。

20 世纪 60 年代，日本经济正处于快速增长阶段，大量中小企业的融资需求急剧增加，但缺乏正规的融资渠道。为缓解这一问题，1963 年，日本制定适合于全国的 OTC 市场登记制度，许多中小型股份公司通过非正式挂牌上市的方式发行股票，然后进入柜台交易市场进行交易，从而使 OTC 证券交易市场进入较快的发展阶段。

当东京证券交易所于 1961 年建立第二板块时，原来在 OTC 市场交易的股票转到 TSE 挂牌。这影响了在 OTC 市场交易的公司数量以及这一市场后来的发展。然而，

1976 年，日本柜台交易证券有限公司（Japan Over – the – Counter Securities Co. , Ltd）正式成立，这一组织发展的必要性在于：①为OTC 股票的交易提供便利并加以组织；②保证公平交易以保护投资者的利益。柜台证券有限公司的成立，使得柜台交易集中化，但交易系统还比较初级。部分交易开始使用计算机处理，但是接受买卖申报、成交报告以及交割作业等绝大部分还是停留在以人工和电话方式处理，营业对象也仅限于证券商。

1981 年，日本证券业组团赴美考察证券店头市场运作，考察团回国后提出了改革建议，到 1983 年实施制度改革。1983 年 11 月，新的柜台交易制度开始实施，并于当年开发出 OTC 股票注册经纪人系统。1984 年 7 月，OTC 市场建立了 QUICK 自动报价系统，QUICK 系统允许所有 OTC 发行的股票和 OTC 信息系统一起实时报价。1989 年，三个 OTC 市场中心，东京、大阪、名古屋合并成一个单一报价系统。这样一来，所有主要的 OTC 区域实现了连接，大大提高了市场效率。

1983 年，日本证券交易审议委提出报告，将日本 OTC 市场定位在“补充证券交易所的机能，上柜股票于符合上市标准之时到证券交易所申请上市，并收容已不符合上市标准之下市股票”，使公司未达到上市标准前，有流通的场所可以进行交易，即作为集中市场的预备市场，同时也是下市公司的后备市场。

1983—1985 年期间，日本政府通过了许多促进 OTC 市场发展的重要法规，允许没有在交易所上市的中小企业集资，这些措施包括：①放宽在 OTC 市场股票发行和交易的限制；②放宽 OTC 登记的要求并公布这些标准；③修改关于做市（Market Making）的规定。1989 年，政府允许 OTC 市场股票在股票、债券交易中作为信用保证。

1991 年 10 月，日本证券业协会引入日本证券经纪商自动报价系统（Japan Association of Securities Dealers Automatic Quotation, JASDAQ），这是一个和美国纳斯达克（NASDAQ）相同的计算机交易系统。1992 年，日本财政部和证券经纪人协会还提出进一步保证 OTC 市场公平交易的方法，这个建议把原来只用于证券交易所的内幕人的交易规则直接用于 OTC 市场。1995 年 7 月，OTC 市场引入“特别规则的 OTC 发行”制度（special - rule OTC issue），1996 年 12 月产生第一只根据特别规则制度发行的 OTC 证券。1997 年 7 月，日本证券业协会设立绿单市场。

1998 年，日本完成对《证券交易法》的修改，强化 JASDAQ 市场的法律地位，改变了原先作为交易市场补充市场的地位，把 JASDAQ 市场重新定位为集中交易市场，即交易所市场；2004 年底，JASDAQ 获准升格为证券交易所，从而完成证券场外组织形式的最终演化。2003 年 7 月，绿单市场推出 PTS 交易系统，2004 年绿单市场在原来新兴部的基础上新设普通部，强化了内部分层，此时，绿单市场成为主要的场外交易市场。

东京证券交易所（Tokyo Stock Exchange，TSE）于 1999 年 11 月 11 日推出了 Mothers（market for high growth and emerging stocks），为正在发展阶段且具有高成长性的新兴公司提供筹集资金的渠道。一方面由于东京证券交易所规划较为宽松的上市条件，让国内外新兴企业更容易吸收庞大的资金，另一方面可以让投资人更能方便地分散风险。大阪证券交易所（Osaka Securities Exchanges，OSE）推出的新市场部，在 1996 年底日本首相提出金融大改革后，其交易量亦已超过大阪证券交易所二部市场，2000年5月，大阪交易所开设日本佳斯达克（NASDAQ Japan），2002年12月，日本纳斯达克改称新市场（Hercules）。

JASDAQ于2007年8月开设NEO市场，专门将以技术为特色的风险类企业作为发展对象。2010年4月，JASDAQ与大阪证券交易所合并，成为大阪证券交易所内部的创业板市场。新的JASDAQ市场又分为两个层次：一是JASDAQ标准型，以具有一定的经营规模与业绩、具备未来扩张潜力的中小企业为对象；二是JASDAQ成长型，该层次以技术、商业模式独具特色，具备成长潜力的企业为对象。

综合来看，日本的证券场外市场经过多年来若干组织化的运作，已经改变了其场外交易的基本属性，JASDAQ已注册为交易所，而Mothers、Hercules两个市场分别是东京证交所和大阪证交所的附属交易市场。且2010年4月JASDAQ与大阪证券交易所合并，成为大阪证券交易所内部的子市场。1998年之后，绿单市场成为主要的场外交易市场，但其市场规模和影响力比较有限，2005年最高峰时也仅有82家挂牌公司。

日本场外市场的演变历程，体现了市场发展与政府引导的双重特征，当市场出现对证券场外交易的需求时，政府通过适时修改相关法律，制定有利于场外市场发展的有关制度，促进了场外市场的发展；而且，绝大部分的证券场外市场，已基本演变为证券交易所市场。

4.2.2　新兴市场经济国家（地区）证券场外市场的发展路径

1. 韩国

1953 年 11 月，韩国 5 家证券公司联合发起成立韩国证券商协会（Korea Securities Dealers Association，KSDA），以维持公平交易并确保投资人权益。1962 年，韩国《证券交易法》公布施行之后，韩国证券商协会在法令规范下成为一个非营利性自律会员制组织。

1955 年，韩国证券商协会的 5 家证券商订立“证券买卖合约”，韩国证券柜台交易市场初步建立。1956 年，韩国政府推动设立大韩证券交易所（Daehan Stock Exchange），1963 年依据修改后的证券交易法改组为国有股份有限公司形式，并更名为韩

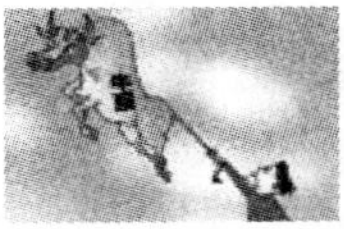

国证券交易所（Korea Stock Exchange, KSE）。

为改善中小企业融资环境，韩国政府于1986年宣布促进中小公司股票交易的计划。1987年，韩国证券商协会规范场外交易市场，1991年10月，成立了专门供场外股票交易的中介大厅，通过计算机网络来收集与公布交易信息。

为促进中小企业的融资便利，1996年7月，借鉴美国纳斯达克的模式，韩国证券商协会发起设立韩国证券商协会自动报价系统（the Korea Securities Dealers Association Automated Quotation，KOSDAQ，即科斯达克）。从《证券交易法》的有关规定来看，科斯达克属于场外市场的范畴。但是，韩国科斯达克市场建立之初就采用了集中竞价的交易方式，而不是像美国纳斯达克那样的做市商交易制度。因此，1996年韩国建立起来的科斯达克市场，在交易机制上有别于传统的场外市场，实际上是一个交易所市场，只是名称上没有出现交易所字样而已。

1998年，韩国政府采取缓征半数税负的优惠政策，鼓励中小企业申请在科斯达克挂牌，使申请公司和股票交易数量大幅成长。到了2000年6月，科斯达克扩充其电

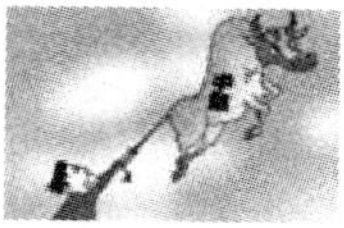

子交易系统（KOSDAQ Electronic Trading System，简称KETRA），使其系统承载量达到每日四百万委托之容量。从2000年起，科斯达克的每日平均成交值已超越韩国证券交易所，且在2001年，科斯达克挂牌公司家数正式超越韩国证券交易所。2005年1月27日，在韩国政府推动下，韩国证券交易所（KSE）、科斯达克、期货交易所（KOFEX）进行大规模的重组整合，合并成立了韩国交易所股份有限公司（Korea Exchange）。合并后，科斯达克成为韩国交易所的一个事业总部，即韩交所科斯达克部。这样，科斯达克就正式成为证券交易所。

2000年3月，韩国证券商协会将分散的场外市场组织化，设立韩国电子公告板柜台市场（Korea Over—The—Counter Bulletin Board），在韩国电子公告板柜台市场中，可以交易的股票类型有：①达不到韩国证券交易所及科斯达克上市或上柜标准的公司股票；②从韩国证券交易所及科斯达克退市的公司股票；③属于新兴产业但未在韩国证券交易所及科斯达克上市或上柜的公司股票。2001年12月，韩国多家证券经纪商合作推出ECN电子交易系统——另类交易系统（Alternative Trading System，ATS）。

2005 年，韩国以 Free Board 市场取代韩国电子公告板柜台市场，但韩国电子公告板柜台市场的基本制度仍然沿袭下来。2009 年 2 月，韩国整合证券期货业自律管理组织，将证券商协会、资产管理协会、期货业协会合并为韩国金融投资协会（KOFIA），取代证券商协会成为新的自律组织。

韩国通过上市标准的设置，形成了韩交所主板与创业板的层次；另一方面，非上市公司则进入柜台交易市场进行交易。而在不同的市场内，信息披露标准、交易制度安排也有所区别，从而进一步区分了层次，即：上市/上柜公司执行较为严格的信息披露标准以及丰富多样的交易制度，当然，韩国的科斯达克市场实行集中竞价交易制度，而不是美国纳斯达克的做市商制度。这是韩国市场的独特之处，主要原因在于韩国创业板市场的流动性比较强，无需做市商提供流动性；而场外市场的公司信息披露要求相对非常宽松，交易制度仅仅是协议转让。

韩国证券市场发展主要是在政府的推动之下进行的，如 1968 年 11 月，韩国政府发布《扶持资本市场法》，将韩国政府对资本市场的政策意图立法化，该法的主要目的在于引导企业面向公众，增加挂牌公司数量，并鼓励和刺激各部门投资主体与公众参与证券市场，更普遍地持有上市公司股份。

韩国证券场外市场的发展演变，表面上看是典型的民间发起，由证券商协会为主导，并逐步将证券场外市场进行自动化、组织化，形成层次分明的证券市场体系。但是，从更深层次的因素来分析，整个证券场外市场的发展是在政府对证券市场的统一规划之下进行的，例如，通过国家法律，给予韩国证券交易所以唯一合法交易所的地位，在证券交易法中，对证券场外市场进行原则性规定等等，都充分体现了这一点。

2. 中国台湾地区

中国台湾证券市场的发展起源于店头（柜台）市场，早期有 1949 年政府发行的公债，1953 年后台泥、台纸、工矿、农林等公司的股票及土地债券等有价证券的流通。20 世纪 50 年代，台湾的股票市场完全是店头市场，交易分散，不易管理，积弊甚多，于是实行有效管理监督、建立集中交易市场之呼声日高。1960 年，台湾证券管理委员会成立，1961 年证券交易所股份有限公司成立，1962 年交易所正式开业，标志着台湾股票市场进入有组织的发展阶段。

证交所成立后，为发展集中交易市场，

监管当局关闭店头市场并禁止股票的店头交易。一直到1968年《证券交易法》颁布，股票交易市场才开始明确分为两个层次：一是在证交所进行的买卖，采取竞价的方式成交；二是在券商的营业柜台进行的买卖，属于非集中交易市场，采取议价的方式成交，并在具体的条款中对柜台交易管理办法和业务规则进行了说明，但柜台交易的发展仍然比较缓慢。

1982年，台湾重开债券店头市场。为了便利中小企业筹资以及扩大证券市场规模，1988年，台北市证券商同业公会[1]成立了“柜台买卖服务中心”，1989年产生了台湾第一家股票上柜交易的公司。但由于柜台交易在开始时采用了协议转让制度，交易不方便、流动性较差导致了柜台买卖市场名存实亡，到1994年共5年的时间内上柜的公司仅有11家。

1994年7月，台湾证管会成立了专门的筹备委员会，来推动柜台买卖市场的发

---

① 1956年2月，台北市证券商同业公会成立，其后也成立一些地区性的证券商同业公会、地区联谊会等组织。1988年，台湾《证券交易法》规定，证券商同业公会章程的主要内容及其业务指导与监督，由主管机关以命令形式予以规定。1998年1月正式成立台湾证券商同业公会，次年，同业公会合并了台北市和高雄市两家证券商同业公会，成为台湾证券业唯一的同业公会组织。

展。11 月由台湾证券交易所、台湾证券集中保管公司（证券登记结算中心）、台北市证券商同业公会与高雄市证券商同业公会成立了全新的柜台买卖中心，于当年完成法人设立登记，并正式接办柜台买卖市场的业务，成为一个独立、公益的财团法人。12 月交易方式采用电子化，1995 年改进了交易方式，引入计算机集中竞价交易，而以议价交易为辅，并公布柜台指数。经过一系列的改革后，柜台交易开始快速发展，到 1997 年在柜台买卖中心挂牌的公司突破 100 家，2000 年突破 300 家，2002 年 6 月底，柜台中心上柜公司达 383 家，总市值 14310.70 亿元。

在这期间，台湾有关部门先后出台了一系列政策推动柜台交易的发展。1996 年 7 月，柜台交易对外开放，允许侨资、外资投资上柜股票。1999 年 1 月上柜股票获准进行信用交易。2000 年 4 月柜台买卖中心推出了挂牌标准低于一般上柜股票的二类股票上柜。同年 7 月推出债券电子议价交易系统以进行上柜交易。2002 年 1 月，建立兴柜股票市场，将公开发行而未上市或未上柜的股票纳入管理范围。

此外，由于兴柜市场仅吸纳进入证券商

辅导期的未上市（柜）股票，而对大量的未进入券商辅导期的未上市公司来说，则缺乏一个正规的交易场所，因此，实践中这部分公司股票的交易通过“盘商”中介交易，形成了一个所谓的盘商市场。所谓盘商，是专门从事未上市股票交易经纪业务的法人或者个人，这类法人通常以投资管理、投资咨询公司等名目出现，游离于证券监管部门的监管之外，由于法律规定的空白，对于盘商是否合法，存在着很大争议。

概括而言，台湾地区的证券场外市场经过发展演变，除了发展成为交易所和柜台买卖中心的场内市场之外，存在着两个场外市场，其一是合法的兴柜市场，其二是法律上存在争议的盘商市场，这两个市场从事着未上市（柜）公司股权转让的业务。可以说，台湾证券场外市场是在有限度的政府主导下发展起来的，由于相关法律法规的不完善以及监管的宽松，导致民间自发的“盘商”场外市场兴起，导致了很大的混乱。

4.2.3 转轨经济国家证券场外市场的发展路径

1. 俄罗斯

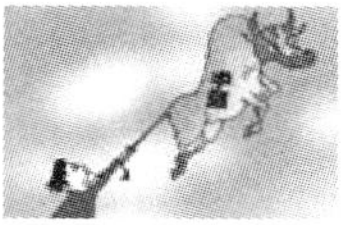

俄罗斯于 1992 年正式开始经济转轨。1992 年 7 月 1 日，俄罗斯总统签署命令，决定将大部分国有企业改造为股份公司，规定所有的国有企业都应在 1992 年 11 月 1 日之前改造为开放性的股份公司。1992 年 8 月 21 日，俄总统宣布向 1.48 亿名俄罗斯民众发放每人一张面值达 1 万卢布的私有化证券，这些证券可用来购买企业股票。俄政府规定，自 1991 年 12 月 15 日至 1993 年底，全俄罗斯将有 6000 家企业允许居民用国家发放的私有化证券购买企业股票。

根据《俄罗斯联邦所有制法》规定，所谓私有化是指“把国家所有制或市镇所有制的企业、财产综合体、房屋、设施和其他财产转变成公民和法人所有制”。在 1992—1996 年期间，俄罗斯经过“证券私有化”改革（政府通过向公民发放私有化证券无偿转让国有资产）和“现金私有化”改革（从无偿转让国有资产过渡到按市场价格出售国有企业，也称有偿私有化改革），使国有企业在各种所有制企业中的比重由 95% 迅速下降到 10%。

股票的初次分配是在专门的拍卖市场上以购买私有化证券的方式进行的，在整个“证券私有化”期间，俄罗斯共建立了 690

多家证券投资基金会，收集居民的私有化证券，累积起来参与企业私有化的拍卖。由于证券私有化没有形成作为市场关系基础的广大的私有者阶层，反倒成了商界精英通过大量低价收购居民手中的私有化证券、将国有资产变为私人财产的一种手段。据俄罗斯“私有化之父”丘拜斯的估计，这段时期俄企业的股份被集中于10%—15%的少数人手中①。

俄罗斯在证券私有化期间，大量企业的股票开始流通和转让，而当时正式的证券交易场所刚刚开始筹建，于是，通过拍卖会、一对一协商等方式开始了证券场外交易。尽管1992年俄罗斯建立起第一家证券交易所，随后陆续有其他交易所成立，但企业股票的大规模场外交易已形成路径依赖，再加上挂牌费用、上市条件严格等因素，进入交易所上市的企业非常有限；而且，由于股票持有者从未获得股息和红利，职工和居民手中的股票也主要通过场外交易的方式被收购。当然，这种交易是分散、无序的，还不是真正意义上的证券场外交易，随着其私有化进程告一段落以及大批企业股权被迅速集中到少

① 1994年7月开始，俄罗斯政府调整私有化方针，转入“现金私有化”阶段。

数经理层和金融寡头手中，这一市场也逐渐萎缩。

1994 年 3 月，由俄罗斯与美国专家组成的一个联合工作小组代表联邦证券市场委员会（Federal Commission on the Securities Market，以下简称 FCSM）向俄罗斯总统提交了一份工作报告《俄罗斯资本市场：监管与发展，1994》，这份报告旨在提升联邦证券市场委员会的地位以及加强证券市场的自律监管。随后，在联邦证券市场委员会的邀请下，1994 年 6 月 15 日，15 家证券经纪商在莫斯科开会，发起设立全国证券市场参与者协会（the National Association of Stock Market Participants）。

1995 年，联邦证券市场委员会依靠来自美国的部分基金和技术协助，支持全国证券市场参与者协会运行俄罗斯交易系统。联邦证券市场委员会赋予全国证券市场参与者协会以充分的自律监管职能，包括俄罗斯交易系统会员的准入审核、制定交易规则、建立争端解决机制、处罚违规会员等。

在联邦证券市场委员会的支持之下，仿照美国的纳斯达克（NASDAQ）系统，俄罗斯全国证券市场参与者协会建立起了一个基于计算机的联网运行交易系统，截至 1997

年，已吸收500多家会员，并成为俄罗斯最主要的证券交易场所之一。

2. 波兰

波兰于1989年开始从计划经济向市场经济转轨，于1991年建立了证券市场，成立华沙证券交易所。1991年3月，波兰通过《证券和信托基金公共交易法》，1997年8月，波兰又通过《证券上市交易法》。但是，1996年之前，波兰一直不允许证券场外市场的存在与发展。

最初，当在波兰建立证券OTC市场的建议被提出来之后，引发了激烈的争议。反对者认为随着大批公司到波兰境外上市，尤其是在欧洲的区域证券交易所上市，连华沙证券交易所都有可能失去存在的理由，还谈什么建立场外市场。支持者则举出美国纳斯达克市场成功的例子，指出OTC市场的挂牌费用会远低于证券交易所，为了满足那些达不到上市条件公司的挂牌需求，建立OTC市场很有必要。最终，支持者占了上风。

波兰证券OTC市场启动于1995年，当年5月份波兰政府颁布了一项旨在规范证券经纪商经营证券场外交易的法令。1996年2月，在经纪公司行业组织（Organization of the Brokerage Houses）的动议下，由43家经纪机构合作成立了一家公司（Centralna Tabela Ofert Company，CeTO），目的是组织一个规范的场外交易市场，并负责筹备设立 OTC 市场的具体操作事宜，美国国际发展组织专门拿出 5 万美元，并派出纳斯达克专家协助波兰证券场外市场的筹备与设立。CeTO 与政府部门、股票交易所及其他自发成立的组织合作，推动和引入了《公平交易原则》（Rules of Fair Practice），禁止二级市场及场外市场证券交易的欺诈行为。

OTC 市场主要交易那些由于流动性较低等原因无法在证券交易所上市的证券，包括参加国家投资基金计划（National Investment Fund program）的公司股份、其他的小公司以及地方性债券等。进入 OTC 市场的公司不需要公布招股说明书（prospectus），要求披露的信息也大大简化，与证券交易所相比，OTC 市场股票发行与交易费用非常低。

由于国家投资基金计划的原因，波兰证券委员会希望能够尽快建立 OTC 市场。参加投资基金计划的公司可以在披露基本信息的基础上要求进行公开交易，当然，这种交易只能通过 OTC 市场进行。

1996 年 12 月，波兰有组织的证券场外交易市场——OTC 市场正式开始运行，该市场是基于证券经纪商的市场，报价标准与费用都远远低于华沙证券交易所。

CeTO 公司负责整个 OTC 市场的监管，其主要职责是收集、传递报价信息与成交信息，准备有关交易结算材料并报送到国家证券登记中心（National Securities Deposit）。在 OTC 市场建立的第一阶段，证券经纪商互相进行交易并随后将交易结果报送到 CeTO 公司；第二阶段，随着通信系统的升级，交易直接通过 CeTO 公司进行。OTC 市场实行做市商制度，进行连续报价。

4.2.4 路径比较小结

从各国（地区）证券场外市场的发展历史来看其发展路径，证券场外市场的发展与政府力量的引导密切相关。即使在高度市场化的美国，其场外市场的发展也不是完全的市场自发演变，政府进行了适时的介入和引导，主要表现为国会通过低价股修正法，即《1990 年芬尼股票改革法》，授权证券交易委员会建立统一的电子场外市场，而证券交易委员会责成全美证券商协会建立了电子公告板柜台市场；日本政府则通过发布大量有利于 OTC 市场的法规和措施，来推动这一市场发展；韩国与我国台湾地区证券市场更是典型的政府推动型。

从转轨经济国家的情况来看，俄罗斯和波兰都是在主要的交易所证券市场发展到一定阶段之后，由政府引导、授权证券商协会发起建立了证券场外市场。两国的证券交易所市场早在 1991 年前后即已出现，但有组织的场外市场分别建立在 1995 年、1996 年，且都取得了一定的成功，这无疑值得我们学习借鉴。

4.3 典型案例分析：俄罗斯与中国台湾地区场外市场发展

本部分以俄罗斯、中国台湾地区作为典型案例，来重点剖析其证券场外市场发展的经验教训。之所以选择这两个案例是因为俄罗斯是转轨经济国家，而且是大国，对于同样处于转轨阶段的我国具有极强的学习借鉴意义；而中国台湾虽然区域不大，但属于新兴市场经济地区，且与大陆同根同宗，文化传统、思维方式和语言完全一致，其经验教训显然也很值得细细探究。

4.3.1 俄罗斯证券市场发展教训

俄罗斯证券市场的发展路径可以简单概括为“政府主导——权力斗争——发展模式”，即政府机构之间的权力斗争，主导和影响了证券市场的发展模式。与其激进式的经济转轨相类似，证券市场也经历了大起大落的发展历程，场外交易市场的发展是整个证券市场中的一个组成部分。

俄罗斯证券场外市场经历了一个由分散到集中统一的过程，由最初的散乱无序到成立证券经纪商协会，由协会组织集中统一的场外交易市场——俄罗斯交易系统（Russian Trading System），其中混杂着俄罗斯政府机构间的权力斗争。

1. “三龙治水”式的证券市场管理

1992 年俄罗斯独立后，随着企业私有化、公司化改革的推行，股票市场正式诞生。1993 年 3 月 3 日，俄罗斯政府成立联邦证券市场委员会（Federal Commission on the Securities Market，FCSM），以专门监管证券市场[1]。证券市场委员会实际上是一个联合办公机构，由分别来自俄罗斯财政部、国有资产委员会、俄罗斯中央银行、国家反垄断委员会的代表组成。证券市场委员会成立之初不是一个独立的政府机构，能够行使的权力非常有限。

俄罗斯联邦证券市场委员会与其竞争对手——俄罗斯中央银行和财政部相比，处于非常弱势的地位。例如，1996 年之前，俄罗斯联邦证券市场委员会仅有 117 名工作人员编制，而且没有分支机构或地方办事处。1995 年 8 月，俄罗斯联邦证券市场委员会作为独立政府部门的地位被一纸神秘的总统令予以取消，随后的 9 月份又被神秘地恢复了，由此可见俄罗斯联邦证券市场委员会地位之动荡。

从 1990 年开始，俄罗斯财政部即在证券市场中居于核心的地位。1990 年 12 月通过的第 601 号股份公司法令，以及 1991 年 12 月通过的第 78 号证券发行法令，均赋予财政部以广泛的权力。尤其是第 601 号法令

---

① 2004 年 3 月 11 日，俄罗斯第 314 号总统令宣布建立俄联邦金融市场委员会（Federal Service for the Financial Markets，简称 FSFM）。俄罗斯联邦金融市场委员会继承了俄罗斯联邦证券市场委员会的全部职权以及财政部等部门的部分职权，权力进一步扩大。此处仅考察 2004 年之前的俄罗斯证券监管情况。

赋予财政部以注册交易所、证券登记、审核股份发行招股说明书等等权力。第78号法令还规定财政部具有“强制执行现有法律、股份公司法令以及其他规范俄罗斯证券市场法规”的权力（第78号法令第66条）。由此可见，财政部几乎具有无限大的管理证券市场的权力。

俄罗斯中央银行也在许多方面与俄罗斯联邦证券市场委员会相冲突。俄罗斯中央银行一直以来倾向于建立一种类似德国的证券市场发展模式，即商业银行大量持股、中央银行居于中心地位的模式，它尤其反对一个强大的俄罗斯联邦证券市场委员会来管理证券市场。1997年，俄央行对证券市场的管理权限给出了如下分工：财政部负责监管私有化企业的交易，央行则负责监管银行的所有经营行为，包括从事的证券业务。这样在管理证券市场方面将俄罗斯联邦证券市场委员会置于次要的地位。

从三家政府机构的市场发展模式倾向来看，俄罗斯联邦证券市场委员会倾向于建立市场自治的组织，即以充分发挥市场自律功能的美国模式，寻求将私有化公司的股份通过OTC市场进行交易；而俄罗斯财政部和中央银行则反对市场自律监管和场外交易，支持交易所市场。

2. 交易所市场的混乱与重整

1994 年之前，俄罗斯大量企业的股票主要是在场外流通和转让的。1992 年，第一家交易所——莫斯科中央证券交易所宣布成立，随后陆续有几百家商品与证券交易所建立。在俄罗斯，股票发行是企业行为，受到的限制不多，完成发行登记即可在社会上公开认购，不需联邦证券委员会审批；股票上市交易完全是交易所行为，交易所自行制定严格的上市审核程序，把握上市的生杀大权。一只股票可以同时在不同的交易所上市。尽管交易所众多，整个股票市场呈现出三个特点：

（1）股票垄断性强、集中度高，流动性差。2000 年之前，俄罗斯发行股票的企业有数千家，但仅有 220 多只股票在交易所上市交易。几只股票的市值就占整个市场市值的 90%。场内交易几乎都集中在 5—7 只蓝筹股，而且大部分交易是投机性的，战略投资者很少；80% 的交易量是由 2% 的参与者完成的；这种现象到了 1997 年之后更加严重，1998—2001 年，俄罗斯股票交易几乎全部集中在俄罗斯统一电力一只股票上，这在世界股票市场上是非常罕见的。

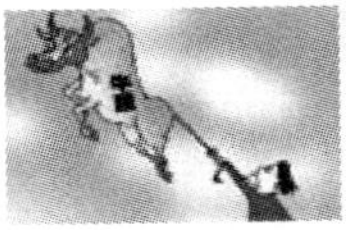

（2）股票市场参与者以外国投资者为主。由于转轨以来总体宏观形势不好和企业透明度不高，本国居民参与股市的热情不高，俄罗斯鼓励外资参与本国股市投资，外资掌握的股份份额不断增大。到1996年，外资拥有的股份已占俄私有化企业股份总量的1/3，但是，其中相当一部分是国内外逃的资本改头换面流回国内的，即通过在海外设立公司，然后以外国公司的名义在俄股市进行交易，这在一定程度上导致了股市的混乱。

（3）股票价格大起大落，波动性强。随着外资的大量进入，俄股市的投机活动加剧，导致1996年、1997年俄罗斯股市大幅上涨，且连续两年涨幅居世界榜首。但是，这种股市的“繁荣景象”缺乏实体经济的支撑，相反，股价暴涨的同时，宏观经济处在多重危机之中。1997年10月下旬的最初几天，俄股价指数暴跌20%—30%，相当部分股票下跌30%以上。10月28日上午，指数又下跌10%，以致联邦证券市场委员会不得不宣布后半个交易日休市。在1997年东南亚金融危机的影响下，外国资本大举抽逃，致使俄股市在1998年几近崩溃，当年5月27日，大批股票价格跌幅达4/5，当日成交金额比鼎盛时期少100倍；8月份股指下跌到 37 点（危机前为 140 点），连一向价格稳定的石油公司股价都平均下跌 50% 左右，银行市值大幅缩水，几乎全部从大公司的行列中消失。

1996 年 4 月 1 日，俄罗斯通过证券市场法律，扩大了联邦证券市场委员会（FCSM）的权限，使其权力包括颁发执照给市场参与者、审核股份发行、制定有关法律草案等。1996 年 7 月，联邦证券市场委员会被置于总统的直接领导之下，即直接对总统而不是政府负责。1997 年，联邦证券市场委员会规定了交易所的最低法定资本要求（230 万美元），许多小的证券交易所纷纷合并或者倒闭，截至 2005 年仅剩 11 家专门从事证券业务的交易所，主要有莫斯科银行间外汇交易市场、莫斯科证券交易所等。

3. 证券场外市场——俄罗斯交易系统（RTS）市场的兴起

在俄罗斯三个政府机构的权力博弈中，由于证券交易所市场发展的混乱，俄总统逐渐加强联邦证券市场委员会的地位，联邦证券市场委员会的权力不断扩大。1994 年 11 月，俄罗斯总统扩大了联邦证券市场委员会的权限，给予其审核市场参与者资格、制定市场行为的标准等权力。在此之前，这些权限由财政部和中央银行行使。1995 年 2 月，联邦证券市场委员会正式成为一个独立的政府部门。

为了与另外两家机构相抗衡，俄罗斯联邦证券市场委员会支持证券经纪商设立自律组织，并成立有组织的证券场外交易市场。1994 年 3 月，由俄罗斯与美国专家组成的一个联合工作小组代表俄罗斯联邦证券市场委员会向俄罗斯总统提交了一份工作报告《俄罗斯资本市场：监管与发展，1994》，这份报告旨在提升俄罗斯联邦证券市场委员会的地位以及加强证券市场的自律监管。随后，在俄罗斯联邦证券市场委员会的邀请下，1994 年 6 月 15 日，15 家证券经纪商在莫斯科开会，发起设立全国证券市场参与者协会（the National Association of Stock Market Participants）。

1995 年，俄罗斯联邦证券市场委员会依靠来自美国的部分基金和技术协助，支持全国证券市场参与者协会运行俄罗斯交易系统。俄罗斯联邦证券市场委员会赋予全国证券市场参与者协会以充分的自律监管职能，包括俄罗斯交易系统会员的准入审核、制定交易规则、建立争端解决机制、处罚违规会员等。

在俄罗斯联邦证券市场委员会的支持之下，仿照美国的纳斯达克（NASDAQ）系统，俄罗斯全国证券市场参与者协会建立起了一个基于计算机的联网运行交易系统——俄罗斯交易系统，到 1997 年时已吸收 500 多家会员，并成为俄罗斯最主要的证券交易场所。俄罗斯交易系统虽然最初是作为证券场外市场而建立起来的，但是由于规范的管理和严格的监管，成立之后发展迅速，成为俄罗斯证券市场中的佼佼者。因此俄罗斯交易系统已不满足于 OTC 市场的地位，正逐渐向证券交易所过渡，到俄罗斯交易系统的网站上可以发现，其已自称“俄罗斯交易系统证券交易所”（Russian Trading System Stock Exchange）。

4. 主要教训

俄罗斯证券市场建立初期，由于政府部门之间的权力斗争，导致其证券市场出现多头管理、市场极度混乱的状况，主要表现在交易所随意设立、大多数股票交投清淡、股价指数大起大落等问题。而当国家将证券市场管理权逐渐集中到专职的证券监管部门手中时，其证券市场才步入良性发展的轨道。这对我国证券场外市场的监管有重大启示与借鉴意义。我国 20 世纪 90 年代的 STAQ、

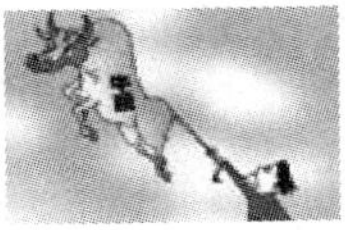

NET系统、各地的证券交易中心，是由中国人民银行或各地政府直接管理的，后来出现很大问题而彻底关闭；而现在部分从事非上市公司股权转让业务的产权交易所，是由各地的国有资产管理部门、科技委员会或者发展和改革委员会管理，而不是由专职的证券监管部门实施集中监管。如果任由其做大非上市股份公司股权转让业务而发展证券场外市场，将埋下极大的隐患。

4.3.2 中国台湾地区证券场外市场发展教训

中国台湾地区证券场外市场发展历程的教训，值得大陆很好地吸取。在证券市场建立之初，台湾当局不太重视柜台交易市场的发展，如1962年台湾证券交易所成立之后，为扶持交易所市场，台湾当局一度下令关闭证券柜台交易市场；后来虽然在1968年《证券交易法》中对场外市场予以解禁，但证券柜台交易市场发展非常缓慢。

经过多年的发展，台湾地区的证券市场已演变为四个层次：第一层次是公司制的台湾证券交易所，集中交易市场，采取典型的竞价制度和电子交易；第二层次是财团法人

制的证券柜台买卖中心，以竞价制度为主议价交易为辅；第三层次为兴柜市场，由柜台买卖中心代管，交易采用做市商制度，作为公开发行而未上市（柜）的公司股票的法定交易市场；最后一个层次为盘商市场，这是非公开的私人股权交易市场，以盘商（包括各类投资管理公司、投资咨询公司等，未获得监管当局的正式许可，法律上存在争议）为中介进行。

近年来，台湾柜台买卖中心上柜公司家数和质量有显著提高，正努力朝台湾“纳斯达克”市场的方向发展，实际上已成为一个准交易所市场。兴柜市场定位于上市、上柜的预备市场，企业家数和企业规模有限，本身挂靠在柜台买卖中心之下，信息披露要求比柜台买卖中心略低；盘商市场未获得台湾监管当局的许可，游离于法制监管之外，对挂牌公司无任何信息披露要求。因此，台湾的证券场外市场，主要包括兴柜市场和盘商市场，区别在于前者属官方有组织的场外市场，后者是民间自发、未获正式法律认可的分散的场外市场。

1. 盘商市场的兴起及其问题

20 世纪 80 年代中期开始，台湾股票市场进入连续多年的牛市，台湾证券交易所股

价指数持续上涨。在交易所市场的刺激下，场外非法证券交易日益猖獗，于是台湾采取了一系列措施，扶持正规场外市场的发展。1988 年，台北市证券商同业公会成立“柜台买卖中心”；2002 年又成立专门为非上市（上柜）公司提供交易场所的兴柜市场。但是，由于政策措施本身的考虑不周，导致出现了非上市（上柜）公司私下交易中介——“盘商”的大肆蔓延与发展。

1986 年起，因台湾股市展开大多头行情，集中市场股票疯狂，当时民间资金充沛，交易所新上市股票供不应求，于是部分投资者开始在未上市（柜）股票市场中寻找新的投资标的。由于未上市（柜）股票除了通过原有股东私人转让外，一般投资者要买卖未上市（柜）股票，自行寻找交易对象难度很大，需要专业机构充当中介。在这样的市场背景下，担任买卖双方中介角色的盘商于是兴起。

因为法律法规无明确的相关规定，盘商不必像证券商那样取得证券从业资格，也没有其他任何资格限制，任何人只要有足够之资金与投资者的委托，即可成为盘商从事未上市（柜）股票交易的相关业务。因此，实践中出现了大量规模差别很大的盘商，既有一两人以家庭方式经营的小中介，也有多到几十人并以企业管理顾问公司或投资顾问公司名义经营的，其中以家庭式方式经营者占大多数。

一般来讲，未上市（柜）股票市场行情随着交易所市场行情的波动而起伏，因此当集中市场进入牛市时，未上市（柜）股票交易市场会因而活跃，盘商亦随之大量兴起；反之，当集中市场步入熊市时，规模较小的盘商就会因交易清淡而退出市场。

由于并非所有盘商都会有足够的投资者委托交易，所以一般而言，盘商之间需要互相支持，以方便交易的进行，于是盘商彼此间逐渐建立起了高度依附性与信用基础。为协调交易相关事宜，筹组了类似一般同业公会组织的"盘商联谊会"，会员每月需缴纳一定的信息传输费用，即可使用其专属的具备实时报价功能的信息联机系统。因此，盘商是有系统、有组织地在进行未上市（柜）股票之交易，形成规模庞大的盘商市场。

早期盘商仅单纯从事股票交易的中介，2000 年前后，部分盘商经营业务渐具规模，除传统的经纪业务外，也涉及自营业务，甚至有少数盘商经营融资融券等信用交易业务。中介标的除了未上市（柜）股票之外，还包括新股中签书等。新股中签书之所以进入流通转让市场，是因为投资者在参与准备上市、上柜公司的新股公开承销中签后，由于缴款期与股票挂牌时间两者间隔将近有两个月，部分投资者为避免资金积压或为赚取差价，于是通过盘商出售缴款中签书，以利其资金灵活调度。未上市（柜）股票交易的盘商市场不设涨跌幅限制，买卖价差大，因此在获利可观的诱惑之下，许多盘商已逐渐由传统的经营经纪业务，扩大至自营业务。

2000 年前后，专营未上市股票的财经信息网站至少在 50 家以上，经营规模比较大的有：高新信息、X 类股—飞梭网、太阳神未上市财经网等。根据高新信息网的统计结果，其在 2000 年 3 月的累积会员人数，突破 2.5 万人，每日上网人数超过 10 万人；飞梭网也有 1 万名会员，每日浏览人数超过 3 万人；太阳神的每日访问人数也超过 6 万人。

据中国台湾 2000 年有关方面的统计，在证券集中市场开户的人数约有 400 多万人，而未上市公司股票市场的投资者估计约达 50 万至 60 万人，而且一天的最高交易量

约有 200 亿至 300 亿元台币；而各类盘商（无正式执照）总计有 500 家左右，在经营手法方面，有盘商联谊会、“直销诈骗型”、“跑单帮型”等等复杂多变的方式；非上市公司股票无涨跌幅限制，股价经常大起大落；公司无信息披露义务，交易信息不透明，股权交割过程中偷漏税现象普遍。盘商市场的发展，一方面容易使广大散户投资者利益受到严重侵害，台湾地区曾发生多起盘商贩卖未上市（柜）股票而引发投资者纠纷案例，同时对正规证券市场造成冲击，影响了整个金融系统的正常秩序。

2002 年 1 月，台湾建立兴柜股票市场，将公开发行而未上市或未上柜的股票纳入管理范围，随后盘商市场呈现逐渐萎缩之势，但并未禁绝。盘商市场交易的未上市公司高峰时曾经达到数万家之多，兴柜市场推出后大幅减少，但仍有大量未上市公司在盘商处交易，例如，截止到 2010 年 7 月，有的单家盘商网站提供报价的未上市上柜股票即达 3000 家之多（如 www. cnyes. com），台湾许多盘商甚至媒体（如台湾《今周刊》）定期公开评选“未上市公司 100 强”等吸引投资者。

迄今为止，相当多的盘商仍然以各种形

式继续经营，例如通过网站发布未上市（柜）公司股票买卖的现象仍然非常普遍，通过搜索引擎可容易地发现许多此类网站，如未上市联名网站（www. cnyes. com）、聚富网（www. gfnet. com. tw）、台湾未上市股票信息网（www. kcc888. com. tw）、必富网（www. berich. com. tw）、太阳神未上市股票财经网（www. fcwin. com. tw）、鸿准专业未上市股票网（www. 0986. com. tw）、竹科园区未上市股票网（murmur. tw）等等。

2. 主要教训

台湾证券场外市场发展的政策失误，主要在于尽管要求处于上市（上柜）辅导期的所有公司强制登陆兴柜市场，但未能建立一个全面涵盖非上市（上柜）股份公司的股权交易场所。

由于以上政策的先天缺陷，导致虽然名义上存在一个非上市（柜）公司股权交易的正规场所——兴柜市场，但大量的非上市（柜）公司仍然通过私人的、未被官方认可的中介机构——盘商进行股权转让，从而导致了一系列混乱。

台湾“财政部”规定，未上市股份有限公司资本额一旦达到新台币两亿元时，必须强制注册为公开发行公司，即公众公司，

应将财务报表、经营状况等信息定期向社会公众公开发布。据台湾有关方面统计，截至2001年4月，未上市（柜）公开发行公司家数占台湾地区所有公开发行公司70%多，合计有2102家，总资本额近1.5万亿元，为所有上柜公司总资本额的两倍，由此可见非上市（柜）股票市场的潜力。

实际上，公开发行而非上市公司的股权转让，必须建立统一的正规交易场所，如果没有这样的场所，则“正道不通邪路生”，各种各样的私下股权交易市场就有可能滋生。公开发行而非上市公司股权转让场所的建立，是证券监管部门的责任。正规的公开发行非上市公司股权转让场所建立之后，如果容量有限，不能满足大部分的非上市公司股权转让需求的话，则地下股权市场同样会应运而生，这是台湾证券场外市场发展历史给出的主要教训，也是大陆证券场外市场发展需要重点学习借鉴的。

另一方面，除了公开发行的公司，尚有非公开发行的公司，即通过私募而成立的股份公司，如果缺乏一个私募股权市场，同样会产生地下私募市场，导致问题丛生。因此，建立一个正规的私募股权市场同样是必不可少的。

4.4 境外场外市场发展基本规律

通过横向比较样本国家（地区）场外市场现行的基本制度，纵向比较这些国家（地区）证券场外市场的发展历程，并结合俄罗斯、中国台湾地区场外市场演变的典型案例，不难发现境外证券场外市场发展的如下基本规律：

第一，从各国（地区）关于证券场外交易市场的法律规定来看，比较通行的做法是通过规定证券商的经营范围来规范场外交易，并赋予证券商协会以组织、运作、自律监管证券场外交易市场的权限。由于转轨经济国家的证券市场总体上处于不发达的状态，发展规范的交易所市场成为首要任务，关于场外市场更多地处于探索阶段，因而正式法律中缺乏相应的规范，对证券场外市场的有关规范是通过政府制订专门的规章条例来实现的。

第二，各国（地区）场外交易市场的

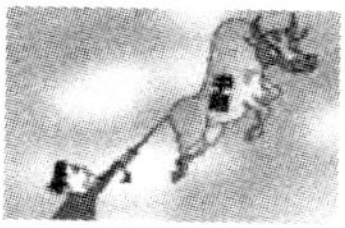

监管，除了政府监管机构适度监管外，基本由证券监管当局对证券商协会等自律组织进行授权、实行自律监管，具体为：

（1）美国。电子公告板柜台市场报价公司需在美国证券交易委员会登记，受美国金融业监管局 FINRA（2007 年前为全美证券商协会 NASD）的自律监管；粉单市场（Pink sheets）由私营机构经营，金融业监管局与证券交易委员会对其做市商有监管职责，2010 年起成为证券交易委员会通过 ATS 规则正式监管的市场。

（2）日本。绿单市场（Green Sheet）由日本证券业协会（JSDA）监管。

（3）韩国。柜台交易市场由韩国金融投资协会（KOFIA）（2009 年前为韩国证券业协会 KSDA）监管。

（4）中国台湾地区。兴柜市场由柜台买卖中心监管，盘商市场无监管。

第三，从各国（地区）证券场外市场的信息披露制度来看，场外市场的信息披露要求要远远低于场内市场；信息披露标准是企业选择挂牌场所的重要因素之一，由于不同的信息披露标准直接影响企业的上市成本，严格的信息披露要求会增加企业的上市成本，主要包括审计费用、印刷费用等，因此，交易场所信息披露标准的变动，往往会引发企业挂牌场所的变动。

第四，各国（地区）对于场外市场的公司挂牌标准要求差别较大，其中，美国由于场外市场层次多而且清楚，能够涵盖各种类型的非上市公司；日本要求有一定成长潜力的公司；韩国则对挂牌公司财务无要求，只要在韩国证券登记存管机构存管即可；中国台湾地区的兴柜市场要求必须是公开发行公司；俄罗斯的 RTS 系统则有比较严格的分层次挂牌标准。

第五，从转板情况来看，各国（地区）的场外交易市场大多与创业板市场、交易所之间存在明确的转板制度，最为典型的就是美国的电子公告板柜台市场与纳斯达克之间，韩国的 Free Board 与 KOSDAQ 的转板也很成功；至于台湾地区的转板，兴柜市场本来是作为上市（柜）的预备市场，但是其与柜台买卖中心、台湾交易所之间无明确的转板制度，如要上市（柜）需按照正常程序申请，盘商市场则由于未获法律地位，更加谈不上转板；俄罗斯交易（RTS）系统市场（现正向交易所市场转化）内部三层市场之间，有明确的转板与摘牌制度。

第六，各国（地区）证券场外市场通

行的交易制度是做市商制、一对一的议价交易（即协议转让）。

第七，从各国（地区）证券场外市场的发展路径来看，证券场外市场的发展与政府力量的引导密切相关。即使在高度市场化的美国，其场外市场的发展也不是完全的市场自发演变，政府进行了适时的介入和引导，主要表现为国会通过低价股修正法，即《1990 年芬尼股票改革法》，授权证券交易委员会建立统一的电子场外市场，而证券交易委员会责成全美证券商协会建立了电子公告板柜台市场（OTCBB）；日本政府则通过发布大量有利于 OTC 市场的法规和措施，来推动这一市场发展；韩国与我国台湾地区证券市场更是典型的政府推动型。

第八，从转轨经济国家的情况来看，俄罗斯和波兰都是在主要的交易所证券市场发展到一定阶段之后，由政府引导、授权证券商协会发起建立了证券场外市场。两国的证券交易所市场早在 1991 年前后即已出现，但有组织的场外市场分别建立于 1995 年、1996 年，且都取得了一定的成功，这无疑值得我们学习借鉴。

第九，成功的证券场外交易市场都是有组织的、统一的市场，如美国的电子公告板

柜台市场与粉单市场、韩国的 Free Board、俄罗斯的交易系统市场。而反之，不成功的场外市场是分散的市场，典型例证是我国台湾地区，由于没有完全统一场外市场，导致大量“盘商”（各类投资公司、咨询公司甚至个人）兴起，导致场外市场的极度混乱。当然，统一的市场不一定是物理上唯一的场所，在统一的交易规则与监管体制下，电子联网运行、分散做市也是统一方式的一种。

第十，综合比较各国（地区）场外市场发展，有以下基本特征：

（1）从历史演变形态来看，先有证券场外交易市场，再有场内交易市场（交易所市场），然后场内市场、场外市场共同发展。

（2）场外市场的发展形态是由分散到组织化，最为典型的市场是美国的纳斯达克与电子公告板柜台市场。

（3）成功的证券场外交易市场往往依附于场内市场而存在和发展。一般情况下，场外市场在发展初期会利用交易所的技术系统，主要是交易所与各家证券商营业柜台之间业已建立的信息交流网络系统。发展到一定阶段，则与交易所之间建立转板制度。

（4）分散的市场若不能迅速整合、统

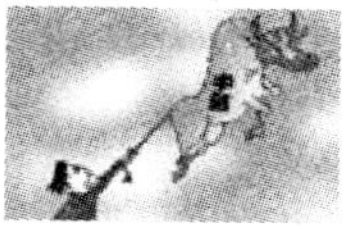

一，将造成市场的无序、混乱，增加交易成本。中国台湾地区盘商市场、俄罗斯交易所市场的教训应值得警惕。

（5）证券场外市场是以证券商为主体的一个市场，一般由证券商（通常通过证券商协会）组织实施股票交易。为提高运作效率，也可成立独立的法人机构专门充当场外市场组织者的角色。

第5章 我国场外市场发展历史与现状分析

与其他国家一样，我国的证券市场最初也是从场外的柜台交易开始的，证券交易所成立之后，场外市场与交易所市场共同发展。相比较而言，交易所市场发展迅猛，规模不断扩大，而股票场外市场则走过了一段曲折的历程。

5.1 我国证券场外市场发展历程

我国证券场外市场，以场外交易特征为主线，按时间先后可以划分为如下四个发展阶段：

5.1.1 柜台交易与定向募集公司场外市场

1986 年，中国工商银行上海信托投资公司开设股票柜台交易市场，挂牌买卖当时上海的几只股票，随后，深圳也出现了股票柜台交易。到 1990 年，沪、深两地各有 16 个、10 个股票交易柜台，共有 12 只股票在柜台交易。1990 年，深、沪证券交易所相继成立，深圳、上海两地的股票柜台市场全部转入交易所内。

1992 年 5 月，国家体制改革委员会等五部门联合颁布《股份制企业试点办法》和《股份公司规范意见》，全国各地成立了

6000多家股份公司，其中绝大多数是定向募集公司，即向社会法人和内部职工两类特定对象募集股份而设立的公司。1994年6月国家体制改革委员会停止定向募集公司的审批设立。

尽管对定向募集公司的股份转让有严格限制，但实际上还是形成了场外交易市场，在成都、济南、海口等地区交易尤为活跃，从而导致定向募集公司“法人股个人化”、“内部股公众化”的现象。

5.1.2 STAQ、NET系统与地方证券场外市场

1992年7月，中国证券市场研究设计中心创办全国证券交易自动报价系统（STAQ）；1993年4月，中国证券交易系统有限公司创办全国电子交易系统（NET）。两系统的定位均为法人股流通市场，即为定向募集公司股票挂牌转让提供场所，投资者限定为法人机构。

两系统是当时除沪、深交易所之外唯一的全国性证券交易市场，先后有13家公司挂牌交易，初期非常火爆，到1993年5月达到高潮，STAQ、NET系统的股价指数曾

分别由最初的100点上涨到最高的241点、225点。1993年5月20日，中国证券业协会向两系统发出“暂缓审批新的法人股挂牌流通”的通知，两系统的指数应声回落，并从此一蹶不振。

几乎与两交易系统运行同时，在地方政府推动下，各地成立了许多区域性股票场外交易市场，多以“证券交易中心”作为名称，为非上市股份公司发行股票、上柜交易。在最繁盛的时期，此类区域性场外交易市场多达100多家，有一定规模的30多家，有区域辐射力的16家。其中，影响力最大的是山东淄博的证券自动报价系统。

1998年4月，在东南亚金融危机爆发的国际背景下，为防范金融风险，国务院彻底关闭除沪、深证券交易所之外的所有证券交易市场，包括SATQ、NET系统、山东淄博证券自动报价系统等影响力较大的市场均被清理，挂牌公司被摘牌清退。自1998年起直到2001年，这一时期为国内证券场外交易的“真空”时期，无正规的、合法的证券场外交易场所。

5.1.3 上市公司法人股拍卖市场

1998年起，以上市公司的非流通国有股与法人股作为交易标的，出现了一种全新的证券场外交易方式——法人股拍卖，而且这种场外交易一度异常繁盛。某种意义上，这种场外交易填补了这段时期证券场外市场的“真空”。

法人股拍卖市场是指拍卖行接受法院委托，强制拍卖欠债的上市公司法人股而形成的交易市场。法人股拍卖起源于司法委托，但后来拍卖中司法委托的比例逐步下降，社会委托显著上升。于是法人股拍卖市场日渐形成规模。法人股拍卖市场中，拍卖行提供信息发布、交易场所、交易程序保证等系列服务，并向买卖双方收取成交额的3%—5%作为佣金。

以上海为例，根据上海证监局2001年的有关调查[1]，截至2001年6月底，上海共有拍卖公司100余家，开展过法人股拍卖的公司约60家；法人股拍卖标的涉及上市公司200家左右。据估算，2001年上半年，上海法人股拍卖成交量约为1.2亿股，成交

① “关于上海法人股拍卖情况的调查报告”（内部资料），上海证监局（时称上海证券监管办公室），2001年。

金额 4 亿元左右。由于法人股拍卖不改变上市公司控制权，根据相关法律法规，证券监管部门难以直接介入监管。

根据中国证券登记结算公司上海分公司的数据，2000 年至 2001 年 6 月，在上海登记公司发生的除国家股、国有法人股外的其他法人股过户转让达 3817 笔，涉及 242 家上市公司，共 34.3 亿股。其中，通过拍卖完成转让的比例估计在 60% 左右。在 2000 年上半年通过拍卖完成转让的比例还不高，但从 2000 年下半年开始逐步上升，到 2001 年上半年估计占到 90%。

2001 年 9 月 30 日，中国证监会发布《关于加强对上市公司非流通股协议转让活动规范管理的通知》（证监发［2001］119 号），制止社会委托上市公司法人股拍卖活动，随后的法人股拍卖仅限于司法委托，这一市场逐步陷入沉寂。

5.1.4　代办股份转让系统的开设

为妥善解决原 SATQ、NET 系统挂牌公司股份流通问题以及沪、深证券交易所退市公司的股份转让问题，2001 年 6 月，经中国证监会批准，中国证券业协会发布《证券公司代办股份转让服务业务试点办法》，同年7月代办股份转让系统正式启动。代办系统由中国证券业协会负责组织运作，依托深圳证券交易所和中国证券登记结算公司的技术系统，先后承接了原SATQ、NET系统9家挂牌公司以及沪、深两市的所有退市公司，成为重要的证券场外交易市场。

2006年1月，经国务院批准，中关村科技园区非上市股份有限公司进入证券公司代办股份转让系统，进行股份报价转让试点。代办股份转让系统的规模和发展空间由此得到进一步拓展。

5.2 我国证券场外市场发展现状[①]

代办股份转让系统，也称三板，是指以

① 本部分仅分析代办系统自设立至2009年年底的运作情况。笔者修改本书稿期间获悉，场外市场建设进程加快，代办系统正酝酿“扩容”，试点园区将由中关村逐步扩展到其他符合条件的高新园区，证监会将收回监管权，并可能向个人投资者开放等，详参“新三板建设步入快车道，制度安排亟待破题”（《上海证券报》，2010年3月12日），“新三板6月前扩容，拟向个人投资者开放”（《上海证券报》，2010年3月30日）等。

具有代办股份转让资格的证券公司为主体，为非上市股份公司提供规范的股份转让服务的平台。代办股份转让系统是依据 2000 年 8 月国务院对中国证监会《关于解决 STAQ、NET 系统原挂牌股票流通问题的请示》的批示而设立的。作为目前为止境内唯一合法的证券场外交易市场，代办系统已成功运行 8 年多，成为我国多层次资本市场的重要组成部分。

5.2.1　代办股份转让系统挂牌公司情况

2006 年实施的《中华人民共和国证券法》第三十九条规定，“依法公开发行的股票、公司债券及其他证券，应当在依法设立的证券交易所上市交易或者在国务院批准的其他证券交易场所转让”。交易所退市公司均是公开发行过股票的公司，依此条规定，退市后也应当到“国务院批准的其他证券交易场所转让”，代办股份转让系统就承担了此项功能。因此，退市公司成为代办系统挂牌公司的来源之一。

在代办股份转让系统挂牌的公司共分两类：一类是原 STAQ、NET 系统挂牌公司和交易所退市公司，这类公司按其资质和信息披露履行情况，其股票采取每周集合竞价 1 次、3 次或 5 次的方式进行转让；另一类是中关村科技园区股份公司[①]，其股票转让主要采取协商配对的方式进行成交。截至 2009 年 12 月底，代办股份转让系统共有 110 家挂牌转让公司，114 只股票（其中 4 家退市公司同时有 A、B 股）。在 114 只股票中，原 STAQ、NET 系统的股票 8 只，退市股票 47 只（含 5 只 B 股股票），中关村园区公司的股票 59 只（表 5－1）。

表 5－1　代办股份系统挂牌公司（股票）历年累计数量

年份	2001	2002	2003	2004	2005	2006	2007	2008	2009
原 STAQ、NET 公司	6	9	9	9	9	9	8	8	8
交易所退市公司数	1	3	3	22	33	36	41	43	43
中关村报价公司数	/	/	/	/	/	10	24	41	59
挂牌公司（家）	7	12	12	31	42	55	73	92	110
挂牌股票（只）	7	14	14	35	46	59	77	96	114

注：根据代办系统公开披露信息整理。其中 4 家退市公司同时有 A、B 股，故股票与公司数量有差别；中关村园区公司自 2006 年 1 月开始进入代办系统；原 STAQ、NET 挂牌公司数量最高达到 9 家，其中“粤传媒”经过 IPO 程序，于 2007 年 11 月 16 日在中小板上市。

① 市场中通常将前一类公司俗称为“老三板”，将中关村园区报价转让公司称为“新三板”。

5.2.2 代办股份转让系统基本制度

从 2006 年起，代办系统自身形成了内部分层，主要分两个层次：一是原 STAQ、NET 系统公司与交易所退市公司（即“老三板”）为一个层次，二是中关村园区报价转让公司（即“新三板”）为另一个层次。这两个层次主要从挂牌准入、转让、信息披露、登记结算、投资者参与及监管制度上区分出来。

2009 年 7 月，中国证券业协会对中关村园区公司报价转让的基本制度从挂牌公司标准、投资者适当性安排、信息披露、转让结算及股份限售方面进行了重大调整，这些调整在修订后的《证券公司代办股份转让系统中关村科技园区非上市股份有限公司股份报价转让试点办法（暂行）》（以下简称《中关村园区报价转让试点办法》）及相关配套规则和协议文本中得到体现。

1. 挂牌准入制度

代办系统设立之初，承接了原 STAQ、NET 系统的挂牌公司以及交易所已退市公司。此后，陆续承接新增的交易所退市公司、中关村科技园区公司。对于沪深交易所退市公司，由主办证券公司推荐，并完成原股东确权等程序后，可到代办系统挂牌转让；而对中关村园区公司，则须满足一定的条件，指定一家主办报价券商推荐，经证券业协会备案后到代办系统报价转让。

主办券商推荐的中关村园区公司须具备以下条件：（1）存续满两年，有限责任公司按原账面净资产值折股整体变更为股份有限公司的，存续期间可以从有限责任公司成立之日起计算；（2）主营业务突出，具有持续经营能力；（3）公司治理结构健全，运作规范；（4）股份发行和转让行为合法合规；（5）取得北京市人民政府出具的非上市公司股份报价转让试点资格确认函；（6）协会要求的其他条件。其中，中关村报价转让原规则要求挂牌企业具有三年连续经营的记录，2009 年 7 月修订试点办法，将公司挂牌条件调整为存续期满两年。

2. 分层次转让制度

代办系统挂牌公司实行分层次转让制度。具体分为两个层次：一是对原 STAQ、NET 系统公司与退市公司，针对挂牌股票的质地不同，分别实行每周五次、三次和一

次集合竞价的差异化交易制度。

同时满足以下条件的股份转让公司，股份每周集合竞价五次：（1）规范履行信息披露义务；（2）股东权益为正值或净利润为正值；（3）最近年度财务报告未被注册会计师出具否定意见或拒绝发表意见。上述股东权益为正值是指最近会计年度经审计的股东权益扣除注册会计师不予确认的部分后为正值；净利润为正值是指最近会计年度经审计的扣除非经常性损益后的净利润为正值。

股东权益和净利润均为负值，或最近年度财务报告被注册会计师出具否定意见或拒绝发表意见的公司，其股份每周集合竞价三次；未与主办券商签订委托代办股份转让协议，或不履行基本信息披露义务的公司，其股份实行每周星期五集合竞价转让一次的方式。这一制度既可有效限制质地差的公司股票交易频率，也起到了为投资者提示风险的作用。

二是对于中关村科技园区的报价转让公司，实施一对一议价转让的交易制度，不提供集中竞价转让，而且限定每笔委托股份数量为 3 万股以上，以防止弱势投资者参与这一市场。

2003 年 9 月，为增加代办股份转让的透明度，方便投资者买卖委托，在集合竞价转让规则中引入可能成交价预揭示制度：分别于转让日的 10：30、11：30、14：00 揭示一次可能的成交价格，最后一个小时即 14：00 后每十分钟揭示一次可能的成交价格，最后 10 分钟即 14：50 后每分钟揭示一次可能的成交价格。代办系统引入该机制后，新增即时行情。这是我国证券市场首次使用成交价格预揭示制度。

3. 信息披露制度

2001 年 11 月，中国证券业协会发布《股份转让公司信息披露实施细则》，专门规定了股份转让公司的信息披露要求。2006 年 1 月，中国证券业协会发布《证券公司代办股份转让系统中关村科技园区非上市股份有限公司股份报价转让试点办法》，除其中对中关村园区报价转让公司信息披露问题作出规定之外，又专门发布《股份进入证券公司代办股份转让系统报价转让的中关村科技园区非上市股份有限公司信息披露规则》。2009 年 7 月，中国证券业协会修订中关村园区报价转让公司信息披露规则，增加半年报的披露要求。

从信息披露的基本要求来看，代办股份转让系统对交易所退市公司、原 STAQ、NET 公司的信息披露要求比中关村报价转让公司相对更加严格，因为前者比后者增加了季度报告的要求。当然，中关村报价转让公司在临时报告的具体情形、公司的信息披露违反责任方面更为详细、更有可操作性。详见表 5－2 所示。

表 5－2　代办股份转让系统信息披露制度比较

		退市公司与原“两网”公司	中关村报价转让公司
定期报告	年度报告	每个年度结束后的四个月内公布，且须经具备证券从业资格的会计师事务所审计	每个会计年度结束后的四个月内，且须经会计师事务所审计
	中期报告	上半年结束后的两个月内公布	上半年结束之日起两个月内公布
	季度报告	每年第一、三季度结束后的一个月内公布	不要求
临时报告		要求股份转让公司发生可能影响股份正常转让的重大事件时，须在事件发生或作出决定后的 24 小时内披露，但未明确重大事件的具体情形。	规定了应予以披露临时报告的十二种情形，包括经营方针与范围发生重大变化、重大亏损或损失、重大资产重组等，自事实发生之日起两个报价日内须披露。

续表

	退市公司与原“两网”公司	中关村报价转让公司
披露形式	代办股份转让信息披露平台，证券公司网站和营业场所	代办股份转让信息披露平台
挂牌公司及相关人员责任	未按要求披露且拒不更正的，主办报价券商应发布风险揭示公告	未按要求披露且拒不更正的，主办报价券商应发布风险揭示公告；违反信息披露规则情节严重的，由中国证券业协会报告有关主管部门给予处罚；拒不履行信息披露义务的，主办券商暂停解除其股东的股份限售登记
信息披露的监督机构	主办证券公司	主办证券公司

注：根据代办系统有关规则整理。

至于信息披露的载体，代办系统启动初期，股份转让公司的信息在其主办券商网站上分别披露，这既给投资者带来很大不便，也增加了信息披露监管的难度。2003 年 3 月，代办系统的统一信息披露平台（www. gfzr. com. cn）启用，股份转让公司的临时公告、定期报告，股份转让行情数据，主办券商的公告和研究报告，代办转让系统法规规则等内容均要求通过这一平台统一披露。

4. 投资者适当性制度

对于代办股份转让系统原 STAQ、NET 公司和交易所退市公司，任何个人与机构在开立股份转让账户后均可参与投资。而中关村园区报价转让公司则有投资者适当性的管理规定。

2006 年 1 月中关村园区公司开始进入代办系统时，对于投资者并无限制性规定，所有的境内自然人、法人股东到主办券商处开立股份转让账户后，均可参与挂牌公司股份买卖（最低 3 万股起）。2009 年 7 月起，中关村报价转让制度调整，试行投资者适当性制度，投资者仅限于机构投资者，包括法人、信托、合伙企业等。

根据证券业协会 2009 年发布的修订后《中关村园区报价转让试点办法》，其中第六条规定，参与挂牌公司股份报价转让的投资者，应当具备相应的风险识别和承担能力，可以是下列人员或机构：

（1）机构投资者，包括法人、信托、合伙企业等；

（2）公司挂牌前的自然人股东；

（3）通过定向增资或股权激励持有公司股份的自然人股东；

（4）因继承或司法裁决等原因持有公

司股份的自然人股东；

（5）协会认定的其他投资者。

挂牌公司原自然人股东只能买卖其持股公司的股份。挂牌公司的投资者主要限于机构投资者，对于一般的自然人来说，除非公司挂牌前已经入股，或者公司挂牌后通过股权激励、继承、司法裁决的方式获得股份，自然人无法通过报价转让平台买入挂牌公司的股份。

5. 股份限售制度

代办转让系统对于原 STAQ、NET 公司和交易所退市公司，除《中华人民共和国公司法》有规定的外，无股份限售方面的规定。中关村报价转让的公司，则有股份限售方面的约束。

2006 年施行的原《中关村园区报价转让试点办法》要求公司所有股东所持股份挂牌后分三批每批三分之一解除限售。园区公司股东挂牌前所持股份分三批进入代办系统挂牌报价转让，每批进入的数量均为其所持股份的三分之一，进入的时间分别为挂牌之日、挂牌期满一年和两年。

2009 年 7 月实施的新规则对股份限售安排做了调整，建立了股东分类限售的制度：一是对控股股东及其一致行动人继续适

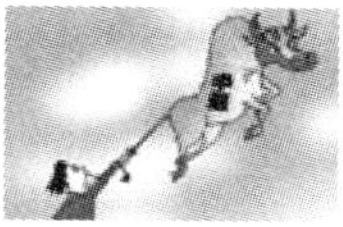

用分三批解除限售的规定；二是对董事、监事和高管持有股份的限售，适用《中华人民共和国公司法》相关规定；三是对挂牌前一年通过增资进入公司的新股东所持股份，货币出资新增股份须在持股满一年后方可转让，非货币财产出资新增股份须在持股满二年后方可转让；四是在符合《中华人民共和国公司法》和《中华人民共和国证券法》要求的前提下，对其他股东持有股份不再作限制。

股份解除转让限制进入代办系统转让，应由挂牌公司向推荐主办券商提出申请。经推荐主办券商审核同意后，报中国证券业协会备案。中国证券业协会备案确认后，通知证券登记结算机构办理解除限售登记。

6. 登记结算制度

代办股份转让系统对于原 STAQ、NET 公司和交易所退市公司的股份登记结算，与 A 股股票基本类似，均是通过登记结算机构、券商实行二级结算，投资者在登记结算公司开立股份账户（券商代为办理），在主办券商处开立资金账户；区别在于股份转让公司的股份必须重新确认、登记和托管，持有股份的投资者须事先重新确权。

中关村园区公司报价转让之初，挂牌公

司股份成交与资金交收通过结算银行（指定为中国建设银行）、登记结算机构（即中国证券登记结算公司）进行，投资者需分别到报价券商、结算银行处开立股份转让账户和资金账户。登记结算机构根据代办系统成交确认结果进行股份和资金的逐笔清算，登记结算机构在每个报价日终将资金清算数据发送结算银行，结算银行依据资金清算数据，办理投资者之间的资金交收，并将资金交收结果反馈登记结算机构。登记结算机构依据资金交收结果办理股份过户，资金交收不成功的，不予过户。登记结算机构完成股份过户后，将过户结果发送至报价券商。这样的操作流程加大了交易成本。

2009 年 7 月，中关村报价转让调整股东账户管理制度和调整资金结算方式。调整后，投资者可通过深圳 A 股股票账户参与报价转让，不再需要单独开设非上市股份有限公司股份转让账户，降低投资者重复开户的成本。股份和资金的结算实行分级结算原则，证券登记结算机构根据成交确认结果办理主办券商之间股份和资金的清算交收；主办券商负责办理其与客户之间的清算交收。

推荐主办券商取得协会备案确认函后，应督促非上市公司在股份挂牌前与登记结算

机构签订证券登记服务协议，办理全部股份的集中登记。投资者持有的非上市公司股份应当托管在主办券商处；主办券商应将其所托管的非上市公司股份存管在证券登记结算机构。主办券商参与非上市公司股份报价转让业务，应取得登记结算机构的结算参与人资格。登记结算机构按照货银对付的原则，为非上市公司股份报价转让提供逐笔全额非担保交收服务。登记结算机构在每个报价日终根据代办系统成交确认结果，进行主办券商之间股份和资金的逐笔清算，并将清算结果发送各主办券商。主办券商应根据清算结果在最终交收时点之前向证券登记结算机构划付用于交收的足额资金。

7. 监管制度

代办股份转让系统实际运行中，拟转让股份的公司应委托一家证券公司办理股份转让，并与证券公司签订委托协议，该证券公司称为主办券商（下文“5. 3. 1 代办系统主办券商制度的主要内容”部分有更详细介绍）。主办证券公司负责督促股份转让公司根据规定披露信息，并办理有关股份转让及交割业务。

中国证券业协会依法履行自律性管理职责，对证券公司代办股份转让业务进行监督管理。证券公司违反规定进行代办股份转让业务，中国证券业协会可予以公开谴责、限期改正、暂停或取消代办股份转让业务许可；证券公司在股份转让活动中，有违反法律法规规定的行为，中国证券业协会将建议中国证监会或其他主管机关依法查处，构成犯罪的，依法追究刑事责任。

2001 年 6 月，中国证券业协会发布的《证券公司代办股份转让业务试点办法》规定，证券公司从事代办股份转让业务，应当报经中国证券业协会批准，并报中国证监会备案。未经中国证券业协会批准，任何证券公司不得从事代办股份转让业务。根据规定，证券公司申请从事代办股份转让业务，应当符合下列条件：（1）有 20 家以上营业部，并且布局合理；（2）有从事网上委托业务的资格；（3）最近 2 年内无重大违法违规行为；（4）有健全的内部控制制度和风险防范机制；（5）有公司级统一管理的计算机网络系统；（6）协会规定的其他条件。

2006 年 1 月，《中关村园区报价转让试点办法》规定证券公司从事报价转让业务必须具有代办股份转让主办券商业务资格，并向中国证券业协会申请取得报价转让业务资格。

2009 年 7 月，修订后的《中关村园区报价转让试点办法》规定，证券公司从事非上市公司股份报价转让业务，应取得协会授予的代办系统主办券商业务资格。证券公司申请代办系统主办券商业务资格，应满足下列条件：（1）最近年度净资产不低于人民币 8 亿元，净资本不低于人民币 5 亿元；（2）具有不少于 15 家营业部；（3）协会规定的其他条件。

截至 2009 年 12 月 31 日，共有 30 家证券公司取得代办股份转让业务资格，其中的 28 家证券公司具有中关村科技园区非上市股份公司股份报价转让业务资格。

5.2.3　代办股份转让系统股票交易情况

代办股份转让系统的两个层次不仅体现在基本制度方面，其股票交易情况也有明显差异。下面即分别对原 STAQ、NET 公司及交易所退市公司（“老三板”）、中关村园区报价转让的非上市股份公司（“新三板”）股票交易情况进行分析。

1. 原 STAQ、NET 公司及交易所退市公

司股票交易[①]

（1）2001—2006 年期间，2002 年代办系统交易最为活跃。2002 年成交金额 22.1 亿元、成交数量 6 亿股、成交笔数 14.6 万笔，均列 6 年之首；2002 年日均成交金额 1308 万元，与 2001 年（只有 69 个交易日）日均 1329 万元基本持平，日均成交数量和笔数都高于 2001 年。造成这种现象的主要原因是这一年内原 STAQ、NET 系统投资者对重新挂牌、代办系统的发展和转板制度的出台均报有较高的预期。

（2）自 2003 年开始成交金额逐年下滑。2003 年起，尽管原 STAQ、NET 系统公司股票交易方式都由每周 3 次集合竞价调整为每周 5 次集合竞价，增加了交易次数，同时大批退市公司不断进入，但代办系统的成交金额逐年下滑，到 2006 年日均交易金额已由市场开始的 1329 万元下降到 148 万元。

（3）挂牌公司股价呈持续下滑趋势。退市公司进入代办股份转让系统挂牌后，其挂牌首日股价平均跌幅达 50% 以上。在挂牌后的交易中，除个别股票外，退市公司股

① 本部分内容及下面“5.2.4 代办股份转让系统投资者参与情况”的数据引自深圳证券交易所报价转让工作小组的有关报告。

票整体平均价格呈持续下跌趋势。

此外，原 STAQ、NET 系统挂牌公司股票在经历 2002 年的交易高峰后，股价开始回落，特别是“大自然”公司申请到主板上市失败后，带动原 STAQ、NET 系统公司股票的股价迅速下滑（表 5 - 3）。

表 5 - 3　新挂牌退市股票平均首日挂牌收盘价情况

年度	主板 A 股最后交易日平均收盘价（元）	代办股份转让市场挂牌平均首日收盘价（元）	挂牌首日平均跌幅（%）
2004	3.58	1.13	68.78
2005	0.99	0.41	53.34

2. 中关村科技园区非上市股份公司股份报价转让情况

2006 年 1 月，中关村科技园区非上市股份公司股份报价转让正式运行。由于在交易制度方面采取了一对一协议转让，且最低交易股数限定为每笔 3 万股，挂牌公司股东所持股份分三年挂牌报价等做法，加上初期挂牌公司数量较少等原因，中关村园区挂牌公司在 4 年的时间里交易比较清淡，初期的很多交易日无任何交易，例如 2006 年 5 月份全月仅有 2 笔交易。

笔者根据公开信息统计，2006—2009

年期间，中关村园区报价转让公司数量逐年增加，分别为10家、24家、41家、59家；年成交金额也大幅增长，分别为6498.09万元、18444.27万元、29391.3万元、48342.52万元。详见表5－4所示。

表5－4　中关村园区非上市股份公司股份报价成交情况

年份	2006	2007	2008	2009
挂牌公司数（家）	10	24	41	59
成交笔数	194	414	481	875
成交金额（万元）	6489.09	18444.27	29391.3	48342.52

资料来源：根据代办系统网站公开信息整理计算。

2009年6月12日，中国证券业协会宣布对中关村园区报价转让试点进行制度调整，并发布修订后的《中关村园区报价转让试点办法》，自2009年7月开始正式施行。从中关村报价转让股票交易的情况分析，受试点制度发布的影响，6月、7月两个月的成交量、成交金额大幅攀升，尤其6月份达到峰值，成交笔数、成交量、成交金额分别比上月增长228%、11%、53%，7月份也维持了较高的成交状况，8月之后归于正常水平。详见表5－5所示。

表 5－5　　2009 年中关村报价转让试点制度调整前后交易情况比较

月份	2009 年 4 月	2009 年 5 月	2009 年 6 月	2009 年 7 月	2009 年 8 月	2009 年 9 月	2009 年 10 月	2009 年 11 月	2009 年 12 月
成交笔数（笔）	52	50	164	144	42	55	56	49	86
成交量（万股）	857.74	1251.8	1393.6	1135.49	419.07	732.69	1150.48	637.53	954.07
成交金额（万元）	3514.81	5993.05	9141.96	6030.76	1998.65	2591.02	5427.72	2225.59	4244.68

资料来源：根据中关村报价系统网站公开信息整理计算。

5.2.4　代办股份转让系统投资者参与情况

中关村报价转让试点自 2006 年运行起直到 2009 年 7 月，其股份成交与资金交收通过结算银行（指定为中国建设银行）、中国证券登记结算公司进行，投资者需分别到报价券商、结算银行处开立股份转让账户和资金账户；2009 年 7 月起，投资者报价股份转让账户与深圳 A 股账户打通。由于登记结算制度转换，且新制度运行时间较短，中关村报价转让试点的投资者参与情况暂不作分析。本部分仅分析原STAQ、NET公司及交易所退市公司（即“老三板”）股票交易的投资者参与情况。

1. 退市公司带来大量新增投资者

2004年开始，代办股份转让系统（“老三板”）的投资者较2003年以前成倍增长。主要是主板退市公司开始实施“退市平移制度”，退市公司在退市后的45个工作日内，要完成在代办系统的挂牌工作，同时退市公司股票进入代办系统挂牌需要重新开户确权，因此带来大量新增投资者。截至2006年12月，“老三板”开户数为38万多户，随后投资者数量变化不大，到2010年1月，持有“老三板”股票的已确权投资者共有36.78万户，其中以个人投资者为主，机构投资者仅688户。

2. 参与转让账户缩减且以散户为主

据统计，2004年参与“老三板”转让的账户有3.55万户，2005年减少至2.49万户，减幅29.86%，参与转让的账户数明显减少。参与转让的以个人投资者为主，2005年“老三板”个人账户、机构账户成交额占比分别为93.13%和6.87%。2003—2005年间，中大户投资者的参与力度连续呈下降趋势，散户投资者在参与交易户数和

市场交易份额方面都呈上升趋势。2005年，10万元以下的参与账户数量占比为94.66%。

5.2.5 本节小结

多年的平稳运行实践表明，代办股份转让系统是成功的，在承接原STAQ、NET系统公司、退市公司股份转让，以及中关村园区非上市股份公司股份代办报价转让方面，发挥了作为全国性证券场外交易市场的功能。其平稳运行的重要基础，在于制度设计合理，即实行与主板市场有显著差异的交易制度，通过网站进行信息披露，有效降低了挂牌公司信息披露成本，这些都足以为未来进一步发展非上市公众公司股权转让市场所借鉴。当然，在市场容量方面，代办股份转让系统远远无法满足市场需求，有待于在政策允许的前提下进一步扩展。

需要说明的是，自2000年起，全国部分产权交易市场进行了非上市股份公司的股权转让业务，但由于产权交易市场并非国务院批准的证券交易场所，而且其中的股份公司股权转让业务不得拆细交易、不得连续交易、无证券公司作为交易会员等特点，其股

权转让业务归入产权范畴更加合适。本书将在第七章专门探讨产权交易市场发展问题。

5.3 证券公司柜台业务与场外市场

代办股份转让系统目前主要依托主办证券公司的营业部，是真正的柜台交易市场（Over - The - Counter Market）。这一市场与交易所市场的主要区别在于法律关系不同。股份公司申请到交易所上市，公司须与交易所签订股票上市协议，接受相关法律法规的监管，交易所是上市公司股份交易的依托平台，证券公司可以代理投资者买卖上市股票，但交易所在市场运行中居于主体地位。

而股份公司申请到代办转让系统挂牌转让，实际操作是股份公司委托证券公司，且只能委托一家证券公司办理股份转让业务，并与证券公司签订委托协议（注意不是与代办股份转让系统签订协议）。主办证券公司是挂牌公司股份转让市场的依托平台，是市场运作的关键主体。

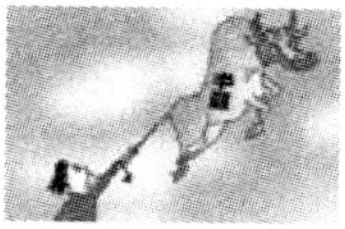

5.3.1　代办系统主办券商制度的主要内容

主办券商制是代办转让系统运行的核心。代办股份转让业务，是证券公司以其自有或租用的业务设施，为非上市公众公司、非上市股份公司提供股份转让的业务。拟转让股份的公司委托一家证券公司办理股份转让，并与证券公司签订委托协议；主办证券公司负责督促股份转让公司根据规定披露信息，并办理有关股份转让及交割业务。

1. 主办券商的资质要求

根据中国证券业协会的相关规定，证券公司欲从事代办股份转让业务，需具备一些基本条件，包括具有 20 家以上的营业部且布局合理，具有健全的内控制度和风险防范机制，具备符合代办股份转让系统技术规范和标准的技术系统等。

主办券商除须保持具备从事代办股份转让主办券商业务的基本条件外，还应承诺：(1) 不自营所主办股份转让公司的股份，不利用股份转让公司的内幕信息直接或间接谋取利益；(2) 依据有关规则和协议，对股份转让业务中出现的问题及时处理，重大事项报中国证券业协会备案；(3) 根据法律、法规和中国证券业协会有关规定的要求，严格把握推荐标准，推荐符合规定的公司挂牌，及时完成所推荐公司的挂牌手续；(4) 督促股份转让公司履行信息披露义务的责任；(5) 根据中国证券业协会要求，调查或协助调查指定事项；(6) 向投资者揭示股份转让风险等。

2. 主办券商的持续督导义务

根据相关规定，主办券商应采取措施督促股份转让公司履行信息披露义务。具体包括：(1) 主办券商要对股份转让公司的全体董事、监事及高级管理人员进行辅导，使其了解应遵守的法律、法规和应履行的委托代办股份转让协议所规定的责任、义务。(2) 主办券商要指导和督促股份转让公司依法、及时、准确、全面地进行信息披露，对股份转让公司拟披露文件有审查的权力。(3) 对公司拟披露或已披露信息的真实性可提出合理性怀疑，并据此采取专项调查等必要措施。(4) 主办券商有义务对不履行信息披露义务的股份转让公司股份的转让予以暂停，实施暂停转让事项应公告，并报中国证券业协会备案等。

3. 主办券商应向投资者揭示股份转让风险

投资者在开户前，主办券商应与其签订《股份转让风险提示书》，提醒投资者对市场风险予以特别关注，充分了解股份转让公司存在的风险，要利用各种形式持续向投资者充分提示投资风险。在股份转让公司披露股份开始转让公告书和定期报告后的 10 个工作日内，以及公司董事会就重大事项作出决议公告后的 5 个工作日内，主办券商应发布分析报告，客观地向投资者揭示公司存在的风险。在与投资者签订的委托协议内，主办券商应要求投资者承诺自己承担投资风险，不从事内幕交易和操纵股价等行为，违反者承担相应责任。主办券商对投资者在股份转让时出现的违规行为，要依据委托协议及时提出警示，并按双方的约定，采取必要措施。

4. 主办券商业务资格终止的相关事宜

主办券商业务资格有效期为两年。主办券商需要维持其从事代办股份转让业务资格的，应当在资格证书失效前三个月内，向中国证券业协会提出申请并报送最近会计年度的审计报告、代办股份转让业务开展情况和中国证券业协会要求的其他文件，经中国证券业协会复核通过后换发资格证书。主办券商存在下列情形之一的，其业务资格将被终止：(1) 申请业务资格文件存在虚假内容；(2) 依法被停业整顿、撤销、解散或宣告破产；(3) 丧失具备业务资格条件，且在6个月的宽限期后仍不能恢复；(4) 存在重大违法、违规或违反自律规则且情节严重的行为等。

为保证代办股份转让业务正常进行，主办券商应与另一家具备业务资格的证券公司签订协议，约定其为副主办券商。当主办券商被终止业务资格，应在3个月内将代办股份转让业务转移至副主办券商，特殊情况应在中国证券业协会指定的时间内完成。

5.3.2 做市商制度的主要运作及其监管

做市商制度是证券市场的一种交易制度，又称报价驱动交易制度，指的是由证券商进行证券的买卖双向报价，投资者的买方或卖方根据证券商买卖报价与证券商进行交易，且交易价格由证券商确定，实施这种行为的证券商称为做市商。一般做市商制下会有两名以上的做市商对同一只证券报价，这种做市商制就是竞争性做市商制；也有单一做市商对某一只证券进行报价的做市商制。

1. 做市商制的主要特点

做市商制与集中竞价交易完全不同。目前世界上大部分股票市场采取集中竞价交易方式，这一方式又称指令（委托）驱动交易，按照“时间优先、价格优先”的原则进行交易，由买卖双方的指令（委托）直接决定交易价格，且买卖双方进行交易的制度。竞价交易制度分为集合竞价、连续竞价两种方式，一般在开盘、收盘阶段集合竞价，所有的买卖盘集中撮合成交，对市场流动性的要求较低；在开盘与收盘之间的交易时间里，系统提供连续竞价，即每间隔较短的时间（如每秒）就在电脑主机实施一次集中撮合配对成交，对市场的流动性要求较高。

不难看出，做市商制是以证券公司为核心的一种股票交易制度。在做市商制度下，负有做市责任的证券公司首先买入一定数量的某一种股票，形成库存股票，然后对库存股票双边报价，投资者无论买入或者卖出股票都与做市商成交，而非集中撮合成交。

2. 对做市商的监管

做市商制度下，对券商做市行为的监管历来是一个难题。做市商之间极易通过合谋达成价格同盟，并采取其他较为隐蔽的方式损害投资者利益。从境外市场的经验看，提高做市商做市行为的透明度是有效的监管选择之一。建立功能健全的电子化交易系统，既可以提高交易效率，又能改进对做市商的监管效率。台湾兴柜市场引入“电脑议价点选系统”，以电子化议价方式取代电话议价方式，系统自动传递委托数据及回报委托成交等信息。做市商做市过程中的异常报价及成交行为，均受到实时监控，并在事后留有记录，全部进入系统数据库可供查证。如此对做市商违法违规行为可发挥有力的威慑作用。

对做市商的监管，主要包括两个方面：一是对做市商报价的监管，二是对做市商成交的监管。对做市商报价、成交的实时监控通过电脑交易系统实现，一旦发现有违法违规行为，则予以处罚。

(1) 对做市商报价的监管。对做市商报价的监管，主要是监控做市商是否履行了双向报价义务，一般通过电脑交易系统实施。以台湾兴柜市场为例，兴柜市场对做市商（兴柜市场称为“推荐券商”，以下同）的监管通过“电脑议价点选系统”实现，其监管内容包括两个方面：

一是对推荐券商报价价差的实时监控。

推荐券商在每个交易日开盘前，对其做市股票报价时，其买卖价差不得超过卖出报价的 5%（2008 年 10 月前规定为 7%），如果超过 5%，系统将发出警告信息；开盘后，推荐券商须连续报价，且报价的买卖价差应维持在卖出报价的 15% 之内。

二是对推荐券商连续报价的实时监控。做市商买卖报价一旦有成交，如果成交数量达到所报数量导致该报价消失，则推荐券商应在 5 分钟内于同一方向重新报价，超过 5 分钟推荐券商在卖出或买入方向上无报价数据的，系统将出现警示信息。

（2）对做市商成交的监管。对做市商成交的监管，要求做市商对落在报价范围内的投资者委托单（即等于或高于券商卖出报价的买入委托，等于或低于券商买入报价的卖出委托），做市商应至少成交最小报价数量。

仍以兴柜市场为例。兴柜市场通过议价点选系统对做市商成交实行严格管理，除严格要求做市商必须点选成交属于买卖报价范围内的投资者委托单外，还制定了做市商点选不属于买卖报价范围的投资者委托的相关规则。其规则主要包括三个方面：

①推荐券商执行报价义务范围外委托单

的原则：推荐券商就报价义务范围外的委托单（即高于推荐券商买入报价的卖出委托单或低于推荐券商卖出报价的买入委托单）执行点选成交时，应就委托卖出价格较低或委托买入价格较高的委托单优先执行点选成交，以避免发生穿价成交的不合理现象。

②推荐券商执行撮合交易的原则：推荐券商于同一交易日执行一买一卖的撮合交易时，其买进与卖出成交价格应落在当时推荐券商报买与报卖价格之间（可理解为“推荐券商由于客户成交数量较大，自愿缩小买卖价差”），以避免推荐券商根据客户要求执行偏离买卖报价的撮合交易。

③推荐券商执行点选成交的时间限制：兴柜股票买卖办法第二十四条第四项规定“推荐证券商对于符合其报价范围的投资人委托单（或其他自营商申报单），应于接收后五分钟内完成点选成交作业”。

5.3.3 我国场外市场实行做市商制的相关问题

分析我国场外市场实施做市商制度的可行性，既要立足当下，更应着眼未来。目前代办转让系统中，“老三板”（退市公司与原 STAQ、NET 公司）的交易制度是有限度的集中竞价，“新三板”的交易制度是协议转让；未来统一监管下的全国性场外市场建立之后，其交易制度应在现有的基础上改进创新，其中探索做市商制度就是方向之一。

场外市场实行做市商制度有其必要性，主要原因在于：其一，场外市场公司资质参差不齐，可能很多股票流动性不足，需要设计能够提供流动性的交易机制；其二，场外市场如果实行投资者适当性制度，则参与者将与目前主板、创业板的投资者结构有显著区别，这也为做市商制度的实施创造了条件。

我国场外市场实施做市商制度，涉及采取包括做市商制的混合交易制度还是纯粹的做市商制、市场交易成本、库存股票、做市商监管等几个关键问题。以下做进一步分析。

1. 混合交易制还是纯粹做市商制

场外市场实施做市商制，理论上可以有三种具体选择：

（1）混合交易制度，市场中流动性较好的股票实行集中竞价交易，另一部分流动性不足的股票实行做市商制；

（2）混合交易制度，电子自动撮合竞

价制度为主、竞争性做市商为辅、投资者报价与做市商的双边报价共同参与集中竞价，即同一只股票实行做市商与集中竞价并行的交易制度；

（3）纯粹的做市商制，所有股票实行做市商制度。

第（1）混合交易制度与（3）纯粹的做市商制并无本质区别。纯粹做市商制是对市场中的所有股票实行做市商制。第（1）混合制度下对于流动性较好的股票采用集中竞价，流动性较差的股票实行做市商制，由做市商提供流动性；同一只股票仅实行一种交易制度，因此不算严格意义上的混合交易制度。

第（2）混合交易制度则是真正意义上的混合交易，是附流动性提供者竞价交易制度，即同一只股票既有集中竞价交易，又有做市商报价，且做市商的双边报价与投资者报价共同参与集中竞价，交易仍然主要按照“价格优先、时间优先”的原则进行。德国交易所 1998 年起、泛欧证券交易所（Euronext）2001 年起引入此类混合交易制度，澳大利亚交易所、韩国交易所也在交易所交易基金（ETF）等产品上引入这一制度。

以德国为例，德国交易所 1998 年 10 月针对 Xetra 系统交易的证券（包括股票、债券、交易所交易基金、其他基金等），在原有竞价交易的基础上引入指定保荐人（Designated Sponsor）制度[①]，指定保荐人必须在竞价交易不活跃的特定情况下进行报价，投资者可按照指定保荐人的报价通过经纪商委托成交。每年 2 月、5 月、8 月、11 月，德国交易所对所有 Xetra 系统挂牌证券，按照 XLM 指标[②]及每日交易量计算流动性，将所有证券划分为流动性类别 A、B，对于类别 B 的证券，规定在连续竞价交易方式的同时，需要指定保荐人提供流动性。

从部分境外市场实施混合交易制度的经验来看，混合交易制度下存在“做市商困境”，这一制度下的做市商难以仅仅通过做市行为获利来平衡所承担的报价义务，做市商的做市动力不足。当某一证券的价差过大或者无委托时，如果其他券商认为可以通过双向报价赚取价差收益，则该券商完全可以提交双向委托，事实上充当做市商角色，从

---

① 此处的保荐人制度与证券发行上市的保荐人制度不同，英国 AIM 市场、香港创业板市场实行股票上市的保荐人制度，每家拟挂牌公司必须事先指定保荐人，保荐人负责股票发行相关业务，并在公司挂牌之后负有持续督导责任。

② XLM 是德国交易所设计的用于评价证券流动性的指标，为每笔委托对市场价格的影响比例，XLM 越小，市场冲击成本就越低，流动性越高。

而抢夺真正做市商的盈利机会，而当价差收益消失时，该券商又不必履行报价义务。因此，混合交易制下做市商的权利和义务不对等。

实际上，混合交易制度的实施需具备一定条件，包括市场须以机构投资者为主、大宗交易委托比重较高、报价变动单位较大等。这一制度适用于具备一定流动性的证券品种，如德国市场 XAF 基金（Xetra Active Funds）实施混合交易制度的效果优于股票等品种。从我国市场的环境与条件分析，场外市场实施严格意义上的混合交易制度的可行性不高，针对流动性较差的股票实行纯粹的做市商制是比较可行的选择。

2. 市场交易成本

股票市场运作效率的重要决定因素是交易成本，交易成本越低，运作效率就越高；现代股票市场飞速发展的动因之一，就在于信息技术支持下的集中竞价交易方式大大降低了市场交易成本。与集中竞价交易相比，做市商制的交易成本显然要高得多。以中国台湾市场为例，台湾上市或上柜股票的交易（集中竞价方式）佣金比例一般为 0.25%（有的券商报价更低），而兴柜市场做市商双边报价的价差为卖出报价的 5%。这就意味着，假如允许 T+0 交易、不考虑股价本身变动的因素，投资者当天买入、卖出一只股票，其在做市商制下的交易成本是集中竞价方式下的 20 倍。

既然如此，做市商制存在的意义何在？答案在于做市商提供市场流动性。在交易成本与流动性之间，做市商这一交易制度取得平衡，如果一个市场缺乏流动性，就不得不以较高交易成本的代价弥补这一缺陷。因此在信息技术发达的当今时代，世界上仍有为数不少的股票市场实施做市商制。

实际上，从境外市场的经验来看，做市商制本身就产生于流动性不足的市场，也就是说，流动性不足是做市商制产生的前提条件，如果一个市场流动性充沛，买卖双方参与者众多且交易意愿非常强烈，完全可以采取集中竞价交易制度，做市商制根本无实施的必要。

我国场外市场的流动性实际情况怎样呢？从代办股份转让系统的运行来看，以退市公司、原“两网”（STAQ、NET）公司为主体的“老三板”实施了有限度的集中竞价交易，即根据公司质地差异提供每周5次、3次、1次集合竞价交易，不提供连续竞价。从系统2001年设立至2008年年底，退市及原“两网”共51家公司累计成交136.31万笔、53.88亿股、117.25亿元。以中关村园区公司为主体的“新三板”交易制度实行一对一协议转让，交易比较清淡，有的月份仅有几笔交易。

与交易所市场相比，代办系统挂牌股票的流动性是比较低的，但是，必须明确的是，代办系统的流动性并非完全由其挂牌股票自身属性所决定，而是受制度设计以及人为抑制的结果。由于我国股市以个人投资者为主的投资者结构、法制环境等原因，市场对绩差公司重组的预期较高，因此，交易所市场中绩差公司的换手率往往远高于绩优蓝筹股。代办系统“老三板”包括退市公司、原“两网”公司，如果使用与交易所市场同样的集合竞价与连续竞价结合的集中交易方式，则代办系统挂牌公司的流动性未必低于上市公司。“新三板”初期作为试点，仅吸收中关村园区的部分公司挂牌，但公司质地较高，已有多家挂牌公司通过IPO方式到交易所上市。为了抑制投机炒作、引导个人投资者理性投资，代办系统的交易制度采用有限度集中交易方式（“老三板”）和协议转让（“新三板”），人为降低了股票流动性。

从交易成本角度分析，代办系统实施有限度集中竞价交易方式与协议转让未增加挂牌股票的交易成本，一是在技术设施方面，代办系统利用深圳证券交易所的技术系统，即交易所搬迁新办公大楼之前的原有集中交易系统，将其稍做改造后投入使用的；二是在交易费用方面，代办系统股票交易收取的佣金费用低于交易所股票。当然，如果试行做市商制，则交易成本将大为提高。

未来场外市场进一步发展之后，挂牌公司数量将大幅增加，交易制度需充分考虑挂牌公司质地参差不齐而引起的流动性差异。对于流动性不足的股票，不妨试行纯粹做市商制度，市场将在交易成本与流动性之间寻找平衡；而对于流动性较好的股票，为提高市场交易效率，可实行有限度集中竞价交易方式。

3. 库存股票问题

纯粹做市商制度实施的关键要素之一就是库存股票问题，主要涉及两个方面：其一，库存股票的来源；其二，库存股票的日常管理。

负有做市义务的券商，其库存股票一般

是通过认购拟挂牌公司股份的形式获得。以台湾兴柜市场为例，拟登录兴柜的公司应在登录前专门拨出股份供其推荐券商认购，推荐券商在公司登录后以购得的股票为公司做市。《证券柜台买卖中心证券商营业处所买卖兴柜股票审查准则》（2006 年 3 月修订）第六条第一项规定：“公开发行公司[①]初次申请其股票登录为柜台买卖者，应提出股份由其推荐证券商认购”；第二项规定了供应数量要求，供券商认购部分的下限为拟登录股份总数的 1%（不低于 10 万股），无上限要求；对于推荐券商的认购要求，规定每家推荐券商至少认购 3 万股，也无上限规定。

2007 年 7 月，兴柜市场调整推荐证券商认购比例及数量。规定公司初次登录兴柜的推荐证券商，认购比例由 1% 提高至 3%，且至少供应 10 万股的规定提高至 50 万股。每家证券商的认购数量由至少 3 万股提高为至少 10 万股。

关于库存股票的日常管理。由于做市商每日买卖股份之后，其库存股票数量可能发生变动，因此需对此作出相应规范。仍以台

---

① 台湾所谓的公开发行公司并不一定有公开发行证券的行为，而是相当于公众公司，一家未上市公司将其财务、经营情况通过指定渠道向公众公开，并向台湾金融监督管理委员会证期局备案之后，即成为公开发行公司。

湾兴柜市场为例，在市场设立初期，对推荐券商的每日库存股票作出了要求，根据2001年10月发布的《兴柜股票买卖办法》第十九条，“兴柜股票开始柜台买卖之日起二年内，其推荐证券商应维持每日库存数量不低于其依前项第一款规定向本中心申报持有数量之百分之五十或五十万股”；2002年6月对此规定作出修订，放松了要求，将“每日”改为“每月平均日”，并将数量要求由“百分之五十或五十万股”调整为“百分之三十或三十万股”。2004年12月，《兴柜股票买卖办法》进一步修订，关于推荐券商每日股票库存量的要求被全部删除。但兴柜市场建立了推荐券商之间股票库存量的调剂机制，推荐券商之间可通过议价点选系统成交，或者在场外直接议价成交；通过点选系统议价成交时，推荐券商可作为自营商直接输入委托，与报出买卖价的推荐券商成交。

未来场外市场如果实行做市商制，库存股票来源可考虑两个方面：一是拟挂牌公司向推荐券商定向增发一定比例的新股，二是由拟挂牌公司大股东出让一定比例的存量股份给予推荐券商。至于库存股票的日常管理，在借鉴台湾兴柜市场的经验基础上，建议规定每家做市商每月平均日的最低库存限额，同时建立做市商之间股票库存量的调剂机制。

4. 做市商监管

借鉴台湾兴柜等海外场外市场的监管经验，我国场外市场建立电子化的做市商交易系统，且交易系统必须同时具备报价、成交、成交信息发布等功能（而非仅仅具有信息发布功能），是实施做市商监管的重要手段和基础。

这方面台湾兴柜市场的经验尤其值得重视和借鉴。兴柜市场建立初期，其交易系统仅具信息传递与发布功能，所有的成交发生在做市商处，成交之后做市商再将相关信息输入统一的系统发布，这样处理的结果是对做市商难以实时监控，而且交易效率较低。2003 年 9 月启用的议价点选交易系统新增加成交功能，除了大额委托可在做市商的柜台议价成交之外，所有的成交均必须通过交易系统达成，这样既可以实时监控做市商的报价与成交，又提高了交易效率。

当然，建立电子化的做市商交易系统涉及建设成本问题。由于沪深交易所均采用集中竞价交易制度，因此我国证券商的交易信息接收、显示、委托处理等电脑系统均基于集中交易模式而建立，开发电子化的做市商交易系统必须考虑与原有系统的兼容性。实践中可有两种选择：一是在竞价交易系统之外新设做市商交易系统，与目前的竞价交易系统完全独立运作，统一的做市商交易平台具有报价、成交和信息发布等功能，同时做市商建立单独的电脑系统并与统一的交易平台连通；二是在现有竞价交易系统的基础上建立做市商交易系统，通过对原有系统的技术改造，使其具有做市商的交易功能，这样做的好处是建设成本低，只需要对交易所的现有交易系统、证券商的电脑系统进行一定的技术改造即可。当然，究竟选择何种方案，应视未来我国场外市场建设的路径而定。

综上所述，未来我国场外市场如果考虑做市商制，实施严格意义上的混合交易制度的可行性不高，针对流动性较差的股票实行纯粹的做市商制是比较可行的选择。库存股票来源可考虑两个方面：一是拟挂牌公司向推荐券商定向增发一定比例的新股，二是由拟挂牌公司大股东出让一定比例的存量股份给予推荐券商，并规定每家做市商每月平均日的最低库存限额，同时建立做市商之间股票库存量的调剂机制。为有效监管做市商及提高交易效率，须建立电子化做市商交易系统。

5.4 我国场外市场发展经验教训

总结我国证券场外交易市场的发展历程，无论是沪深证券交易所成立之前的柜台交易，还是各地组织的证券交易中心以及全国性的法人股公开交易市场，甚至代办股份转让系统，均有许多值得借鉴的经验和教训。

5.4.1 我国场外市场发展须以交易所市场发展为前提

作为转轨经济国家，我国的证券市场制度基本上是学习、借鉴发达国家证券市场制度，走的是一条强制性制度变迁路径，而没有经历市场自然演进、场外市场逐步过渡到场内市场这一过程。交易所市场作为国际上已经发展了几百年的市场，其基本制度经过了漫长时间的演化与改进，我国在发展之初即全盘引进，固然可以发挥后发优势，然而最大的缺陷就是相应的配套制度和环境来不及同时引进，如信息披露、执法等，因此导致诸多弊端。

1990 年年底证券交易所成立之后，相关规则制度尚在学习摸索之中，就迫不及待地于 1992 年中旬推出法人股转让市场，同时各地的证券场外交易也未予以清理规范。在交易所市场火爆的示范效应下，场外市场的参与热情也空前高涨。须知，此时的场内市场只是“形似而神不至”，股票发行实行额度制，二级市场股价操纵、内幕交易盛行，虚假消息满天飞，而法律规章远远滞后，连最起码的证券法都没有颁布。交易所市场如此，法人股市场的“法人股个人化”、各地政府主导的场外市场的混乱局面也就更加难以避免。

转轨经济国家的证券场外市场发展，必须待交易所市场实践一段时期，积累起相当的运作经验之后再行发展，俄罗斯、波兰的证券场外市场发展给出了类似的启示；而作为新兴市场经济体的中国台湾同样如此，1962 年中国台湾证券交易所成立之后，关闭了股票柜台交易，直到 1968 年台湾《证券交易法》实施后才放开柜台市场，其早

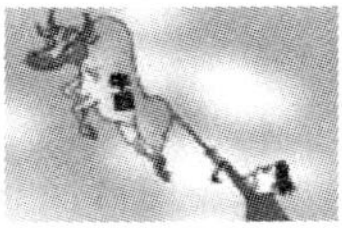

期的场外市场发展一直比较平稳[①]。

5.4.2 场外市场必须实行与交易所市场有差异的制度

用近年来兴起的金融市场微观结构理论分析，交易制度是证券市场的核心制度，微观的技术性制度，可能会决定整个市场的成败。交易制度的设计与改进，由此就成为全球各交易所的核心竞争力之一。我国证券场外市场的发展，从反面验证了这一微观金融理论的结论。

除了在发展规划上出现失误，我国证券场外市场的重要教训之一，就是制度设计的失败。场外市场作为证券市场最基础的层次，必须充分体现出与交易所市场的差异，这一差异不仅体现在公司挂牌标准上，在交易制度、信息披露规则等制度方面也必须有所差别。

STAQ、NET 系统设立之后，仅要求参与者为法人机构，但在交易制度方面则同样实行交易撮合制度，这与交易所完全一

---

① 当然，后来中国台湾的“盘商市场”兴起，造成场外市场的混乱，但那主要还是由于其法定的场外市场——兴柜市场容量太小等原因所致。详见“4.3 典型案例分析：俄罗斯与中国台湾地区场外市场发展”。

致。后来个人通过种种途径全面参与，整个市场流通股的 70% 为自然人所持有，这就与交易所市场基本没有差别了。而各地的区域性证券交易中心，如山东淄博自动报价系统，也基本上都模拟沪深证券交易所，包括交易时间与沪深股市同步、编制股价指数、实行会员制、实行集中撮合交易制度等，相当于在全国各地复制了若干个沪深交易所。所以，这些市场的混乱与失败是迟早的事情。

从海外证券市场的情况来看，场外市场一般不采用集中撮合的交易制度，而是实行做市商制或者一对一的协议转让。这一场外市场的关键性制度设计，在我国场外市场的发展中根本未予以借鉴，而只是将表面的制度直接引进。法人股市场的初衷，可能就是想学习美国的私募证券交易市场（PORTAL），但私募证券交易市场的一对一协议转让制度却被“偷梁换柱”，代之以如交易所一样集中撮合、编制股价指数。与之相反，代办股份转让系统之所以运行平稳，原因固然有很多，但最为关键的一点，就是实行了与交易所市场有差异的分层交易制度。

5.4.3 我国必须发展统一监管下的证券场外市场

我国早期的证券场外市场，在监管体制上高度分散。定向募集公司的设立审批，是由当时的国家体制改革委员会负责的；而STAQ系统由中国证券市场研究设计中心创办，NET系统接受中国人民银行领导。各地五花八门的“证券交易中心”，则是由各地政府所属的不同部门进行管理。监管体制的分散，导致市场制度设计、交易规则的混乱，既违反了证券市场专业化管理的原则，一定程度上还促进了各地设立证券市场的热情，加剧了市场的分割。

发达与新兴市场经济国家（地区）的经验表明，证券场外市场与交易所市场一样，接受同样的基本法律法规约束，都同属证券监管的范畴，必须纳入统一的监管范围之内。同为转轨经济国家的俄罗斯，在证券市场监管方面有过类似教训，其证券市场管理权力曾经高度分散，初期由财政部、中央银行、证券市场委员会共同管理，且前二者居于主导地位，例如交易所的设立审批由财政部负责，由此导致其证券市场的混乱无序；后来集中统一监管之后，才逐渐走上正

轨。

我国未来的证券场外市场发展，必须坚持统一监管的原则，这是场外市场发展的重要教训之一。

5.4.4　现阶段进一步发展场外市场的时机基本成熟

现阶段，在代办股份转让系统的基础上，进一步发展证券场外交易市场的时机已基本成熟。这是因为：

1. 法律空间的打开和证券监管水平的提升

2006 年起施行的《中华人民共和国证券法》第三十九条规定，“依法公开发行的股票、公司债券及其他证券，应当在依法设立的证券交易所上市交易或者在国务院规定的其他证券交易场所转让”，为证券场外交易市场的发展提供了法律依据。经过多年的实践，我国的证券监管水平已得到很大的锻炼提升，为场外市场的有序发展提供了重要保障。

2. 交易所市场发展已达到新的阶段

从 1990 年至今，交易所市场已走过了 20 年的发展历程，规模成倍扩张，上市公

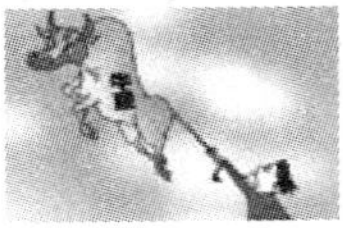

司质量显著提升，证券公司等中介机构得到全面的综合治理；更加重要的是股权分置改革已完成，证券市场基础性制度得到巩固和完善。交易所市场的不断成熟，还表现在证券公司、投资基金等机构投资者队伍不断发展壮大，价值投资的理念已经渐渐为普通投资者所认知和接受，这为场外市场的发展奠定了良好的基础。

3. 代办股份转让系统积累了丰富的经验

代办股份转让系统作为合法、正规的全国性证券场外交易市场，已平稳运行 8 年多，积累了丰富的运作经验，为进一步发展统一监管下的全国性证券场外交易市场奠定了实实在在的基础。代办转让系统实施分层次交易制度，对不同股票实施差异化的交易制度，这与成熟市场中的场外市场做法是基本一致的；代办系统实行主办证券公司制度，为未来实施做市商制度做了一定的准备。

5.4.5 现阶段进一步发展证券场外市场的障碍

当然，现阶段，我国进一步发展证券场

外交易市场还存在着一些问题与障碍。主要表现在：

1. 相关法律法规的有关规定有待明确

2006 年施行的《中华人民共和国证券法》规定，向累计超过 200 人的特定对象发行证券构成公开发行，由此使公开发行股票但不上市成为可能，并将由此产生“非上市公众公司”这一概念。但是，对于“特定对象”的具体界定、非上市公众公司的范围有待进一步明确，例如：是否像美国私募发行那样将具有一定资产的富裕个人界定为特定对象？通过转让、赠与等方式导致股东超过 200 人的股份公司是否界定为公众公司？等等，都需要尽快给出明确的解释。

2. 股票发行制度改革滞后

场外市场的进一步发展，需要在目前的发行制度框架下实现两个突破：

（1）改变目前的发行上市一体化制度，发行审核与上市审核分离。这一制度的核心在于公开发行审核由监管部门负责，发行股票后的公司自主选择挂牌场所（交易所、场外）。当然，发行审核标准要低于交易所上市审核标准。

（2）发行与上市相分离并非场外市场

发展的唯一条件，如果第一条做不到，但至少应该建立公开发行非上市制度，即建立专门审核不在交易所上市股票的公开发行制度。

3. 地方产权交易市场与多层次资本市场的关系尚待理顺

在国有产权转让必须进场交易的政策刺激下，近年来地方产权交易所数量迅速增加，至少有200多家。实践中，部分产权交易市场开展了非上市股份公司的股权转让业务，而且产权市场普遍希望能够将这块业务进一步做大；许多地区也正在积极争取国家政策，试图在产权交易市场的基础上，建立区域性的证券场外交易市场。因此，地方产权交易市场与多层次资本市场的关系亟待理顺。

第 6 章 公开发行非上市制度构建与场外市场

作为多层次资本市场体系的重要组成部分，证券场外交易市场发展离不开其他的相关市场发展与配套措施，其中股票发行监管制度在目前公开发行并上市的基础上改革推进、构建公开发行非上市制度就是关键的一环。发行制度改革与场外市场发展互为条件，发行制度改革须以场外市场发展为前提，而场外市场也要在发行制度改革获得突破后方能迎来真正的发展。

6.1 发行制度改革与场外市场发展互为条件

6.1.1 发行市场化须以场外市场发展为前提

1. 我国现行股票发行制度的弊端

我国现行的股票发行制度是核准制。从1993年中国证监会颁布第一套关于公开发行股票的法规与相应政策开始，我国的发行监管制度已经历了从审批制到核准制、从核准制下的“通道制”到“保荐人制”的发展演变。详见图6-1。

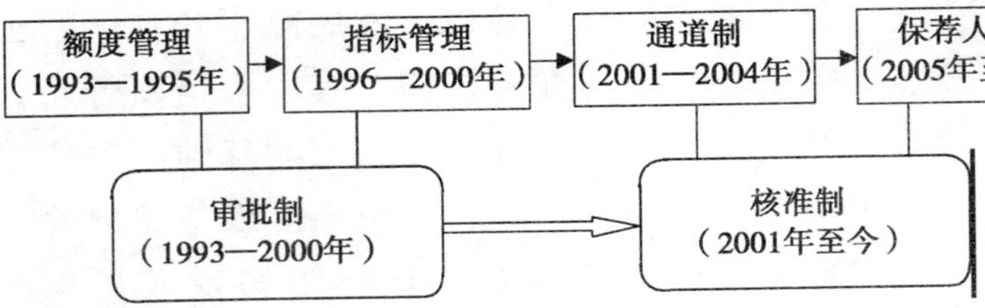

图6-1 我国股票发行监管制度的演化

审批制的行政干预程度最高，由国家统一分配股票发行上市额度和指标，然后地方政府及各行业主管部门经过“选拔”后上报，证监部门再审核发行上市，是完全的计划经济产物，这一制度实施了 8 年。由审批制到核准制是一大进步。核准制是证券监管机构根据法律法规关于公开发行股票的规定，对按照市场化原则选拔出的公司的公开发行股票资格进行审批，并作出核准与否的制度。“通道制”下，每年监管机构向综合类券商下达可推荐公开发行上市的公司家数，每家综合类券商被赋予 2—9 条通道，每条“通道”每次限报一家公司，其行政分配和平均主义的弊端非常明显。保荐人制通过连带责任机制将发行人质量与保荐人的利益直接挂钩，其收益与承担的风险相对应，比“通道制”又前进了一大步。

但非常明显的是，保荐人制并未从根本上改变核准制的实质性审核特征。证券监管机构仍然对发行人的质量进行实质审核，且经常通过审核公开发行公司的进度、公司规模及家数等措施来调控一级市场的股票供应，且发行、上市一体化，发行过后必然上市，证券交易所处于被动接受公司上市的角色地位。保荐人制的行政色彩仍然比较浓厚，离真正市场化方式还有很大差距。

2. 发行制度改革的方向：改核准制为注册制

从发达国家以及新兴市场经济国家的经验来看，股票发行制度由核准制最终过渡到注册制是必然趋势。注册制是完全的市场化方式，证券监管机构只负责审查拟公开发行股票公司的基本情况及财务资料，不对其质量优劣作实质性判断，即以强制信息披露代替实质性审查。注册制下，监管机构也没有关于公开发行股票公司的明确标准，对拟公开发行股票公司质量评判完全由市场进行。公开发行公司的质量优劣，由多层次的交易市场体系进行选拔和区分，证券交易场所拥有选拔挂牌公司的权限。不同的交易市场制订有各自的上市或挂牌标准；规模大、业绩优的蓝筹股，可以到主板交易所去上市，高成长性但无业绩记录的公司则可到创业板上市，而达不到交易所与创业板上市标准的公开发行公司，可以到场外交易市场挂牌转让。因此，可以发现，多层次的资本市场体系是发行注册制的必要条件，而其中场外交易市场尤为关键，因为场外交易市场处于多层次市场的最低层次，也是最基础、覆盖面最广的市场。理论上，所有不符合交易所上市标准的公开发行公司都可以成为场外市场的挂牌对象。

我国发行制度的改革的未来方向，也应该是由核准制过渡到注册制。作为实施注册制第一步，应该是发行审核与上市审核的分离，即监管机构负责对股票发行的审核，交易所负责对股票上市的审核；而完全注册制的实施，必须有多层次资本市场体系作为基本前提，尤其是场外交易市场作为最基础的市场层次存在，以接纳达不到交易所上市标准的公开发行公司前来挂牌转让。

3. 现阶段实施注册制的可行性分析

从我国台湾地区的经验来看，核准制要实施相当长的一段时间之后，待相关配套的政策与条件具备之后方可改为注册制，而且核准制改为注册制是渐进的过程，中间需要经历一个核准与注册混合兼有的阶段。中国台湾 1968 年开始实施股票发行核准制，直到 1988 年才进一步改革，核准制中引入注册制成分（首先在大盘绩优蓝筹股公司试行注册制），其核准制整整实施了 20 年之久。核准与注册混合制度实施 18 年之后，2006 年开始实施完全的注册制。值得注意的是，台湾自 1962 年禁止股票场外交易，1968 年《证券交易法》颁布后才恢复场外交易，但一直进展缓慢；随后为促进场外交易市场发展，监管当局采取了一系列措施，1997 年起场外交易市场才获得突破性发展。也就是说，台湾是在场外交易市场发展到一定程度之后，才改股票发行核准制为完全的注册制的。当然，股票发行核准制完全改为注册制，不仅仅需要证券场外市场发展的前提条件，还需要其他一系列配套措施，主要有：

（1）相关法律法规的完善。股票发行注册制的核心，在于证券监管机构不对发行人的质量作出实质性判断，而以强制性信息披露监管代替实质性审核，通过市场化机制对发行人的质量进行评价。如果发行人披露虚假信息，或者以其他欺诈方式进行发行，而相关法律法规又不能有效惩治造假者、投资者利益得不到有效保障，则实施注册制的可行性就要大打折扣。

从我国目前的情况来看，证券民事赔偿机制尚不健全，证券市场违法违规的成本很低，对证券欺诈等违法违规行为的打击不力，投资者受到侵害后难以追偿损失。因此，现阶段如要实施股票发行注册制，则股票发行人的道德风险、逆向选择行为难以避免，势必造成股票一级发行市场的混乱状况。

（2）多层次资本市场体系的发展。在发行注册制下，证券监管机构负责审核发行人的资格，发行后的公司是否能够上市或者挂牌，则由证券交易场所决定；一般地，证券监管机构并无确定的公开发行标准，但是各证券交易市场则有不同的上市或挂牌标准，或者说，证券监管机构制订最低的股票公开发行标准，发行过后的上市或挂牌标准则有层次性差异，但是市场化的“筛选”机制将把不同的公司分到各个层次的交易市场中。很明显的是，这需要有一个比较全面的多层次资本市场体系，即由主板、创业板、场外市场构成的层次清晰分明的市场体系，且场外市场居于最基础的层次，因为主板、创业板都是交易所市场，场外市场则可将达不到交易所上市标准的公司全部纳入其中。

而我国现阶段多层次的资本市场体系尚未形成，其主要缺陷就是没有具备一定规模的场外交易市场，当然，从一定意义上讲，主板和创业板也已形成了一定的层次性，但是场外交易市场发展的滞后则是股票发行注册制的最大障碍所在，因为没有发达的场外交易市场，无法在交易所上市的公开发行股票就无法得到流通转让。

（3）中介机构行业自律有效及监管效力的提高。发行注册制下，对公开发行公司的市场化选拔机制的形成，需要保荐机构、会计师、律师、资产评估师等中介机构的勤勉尽责、行业自律的有效；机构投资者的发展，引导市场价值投资、理性投资理念的形成也很重要，只有保持对股票定价的有效性，才能发挥市场奖优汰劣、资源有效配置的功能。当然，对中介机构、上市公司、市场交易等的监管效力也是发行注册制实施的重要条件，只有监管有效，才能使发行注册制的形式审批成为产生优质上市公司的机制，而非虚假发行与欺诈发行的温床。显然，现阶段我国中介机构的自律有效性、监管效力等都有待提高。

综合以上三个方面，现阶段我国股票发行实施完全的注册制的条件尚不具备。从2006年开始实施的《中华人民共和国证券法》来看，其中赋予了证券交易所以上市审核权，现阶段发行与上市分离还是具有可行性的，但是法律法规不完善、场外市场未发展等则构成发行注册制的直接障碍。

从制度演进的视角分析，我国自2001年开始实施核准制下的通道制，2005年又优化为保荐人制，核准制实施的时间累计尚不满7年，中国台湾地区的核准制实施20年之后才改革为核准注册兼而有之。即使考虑到大陆的后发优势，则核准制全面改革为注册制还需要一段比较长的时期。

6.1.2　场外市场发展需要发行制度改革的配合

1. 拓展场外市场挂牌公司来源需要发行制度改革

一般地，证券场外市场挂牌公司的来源主要有三个方面：一是仅有股份转让需求的公司，这些公司或者达不到公开发行条件，或者不愿意公开发行股票但有股份流通的需求；二是公开发行后达不到交易所上市标准的公司；三是从主板或创业板退市的公司。从国外场外市场的情况来看，第一个来源的公司数量最多，是场外市场挂牌公司的主体，第二和第三个来源的公司数量视各个市场的不同情况有所区别，第三个来源的公司数量略多于第二个来源的公司。

我国目前的代办股份转让系统，主要是承接了原 STAQ、NET 系统公司，以及深沪交易所退市公司，即以上第三个来源。2006 年起，中关村报价转让公司加入，算是增加了第一个来源，但目前的数量和挂牌进度远远不够。然而，作为场外市场挂牌公司的第二

个来源，即公开发行公司则完全没有。

现阶段的发行上市一体化的发行制度安排下，股份公司公开发行股票后必然到交易所上市，则根本不可能有公开发行公司到场外市场挂牌。场外市场要获得进一步发展，成为创业板或中小企业板市场的蓄水池，真正发挥孵化、培育高成长性企业上市资源的功能，则必须要有公开发行非上市公司的加入，这就需要发行制度的改革。

目前阶段，将发行审核与上市审核分离、降低发行标准，或者允许向超过 200 人的特定对象发行股票，从而为场外市场增加挂牌公司来源，具备一定的可行性。其根据有二：第一，2006 年施行的《中华人民共和国证券法》已经明确了证券交易所的上市审核权，发行审核与上市审核分离无法律障碍，且交易所经过多年运行积累了较为丰富的一线监管经验，具备实施上市审核的条件；第二，《中华人民共和国证券法》增加了公开发行的新形式，即“向超过 200 人的特定对象发行股票”构成公开发行，未来将产生公开发行非上市的公司，从而成为场外市场的挂牌公司来源。当然，这也要求改革目前的公开发行并上市制度。

2. 场外市场挂牌公司融资功能的发挥

需要发行制度改革

理论上，场外市场的挂牌公司当然具备融资功能，即通过公开发行或定向（私募）发行实现融资，但这只有在实行发行注册制的经济体中才可以实施。在我国目前的发行制度框架下，场外市场挂牌公司融资功能极为有限。

“公开发行非上市”这一情形，目前仅仅在《中华人民共和国证券法》中有所间接表述，正式的公开发行非上市规章尚未颁布；而且，2006 年实施的《中华人民共和国公司法》、《中华人民共和国证券法》均未对私募融资加以明确，这导致实践中，场外市场挂牌公司的定向或私募发行障碍重重。截至 2009 年 6 月，中关村报价转让挂牌公司 56 家，总股本达 23.44 亿股，2006 年至今的三年间仅有其中的 9 家公司完成 10 次定向增发，融资 4.66 亿元。虽然已经出现了部分定向融资的成功案例，但由于定向增发很容易导致挂牌公司股东总人数超过 200 人，而这需要中国证监会审核（具体办法尚未出台）。即使股东不超过 200 人，挂牌公司的私募发行实际上还是受到很大限制的。

因此，实现场外市场挂牌公司的融资功

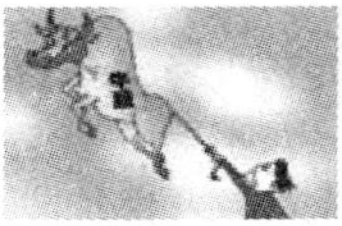

能发挥，也要求现行的发行制度进行适度改革。除了尽快出台公开发行非上市的相应规章条例外，还应专门明确私募发行的有关监管制度，这方面可借鉴美国等国家的私募发行豁免等相关制度。

6.2 公开发行非上市与非上市公众公司监管制度

6.2.1 公开发行非上市制度构建

2006 年实施的《中华人民共和国证券法》第十条规定："……有下列情形之一的，为公开发行：（一）向不特定对象发行证券；（二）向累计超过二百人的特定对象发行证券；（三）法律、行政法规规定的其他发行行为"。其中，向不特定对象发行即为公开发行并上市的情形，而向累计超过 200 人的特定对象发行股票则为公开发行非上市提供了可能。

从公开发行非上市制度构建的角度分

析，在目前的法律条件下有两个切入点：其一，在目前公开发行并上市的基础上，直接降低发行标准，维持证券交易所的上市标准与目前的发行标准一致，即总股本要求和盈利指标，由此，达不到交易所上市条件的公司到场外市场挂牌。第二个切入点，向超过 200 人的特定对象发行股票，这个标准必然地低于目前的公开发行并上市标准。

首先分析第一个切入点。关于向不特定对象公开发行的标准，2006 年施行的《中华人民共和国证券法》已经删除了以前《中华人民共和国证券法》中的盈利指标，代之以“具备持续盈利能力，财务状况良好”的基本要求，中国证监会关于公开发行并上市的具体条件也就有了调整的空间。直接降低发行标准并不必然意味着可以公开发行非上市，必须有发行审核与上市审核分离作为前提条件，否则按照较低标准公开发行的公司，在发行上市一体化的情况下，仍然只能选择到交易所上市。当然，根据《中华人民共和国证券法》的规定，发行审核与上市审核分离并无法律障碍。

直接降低公开发行的标准，还具有另外的意义。目前，我国主板、中小企业板、创

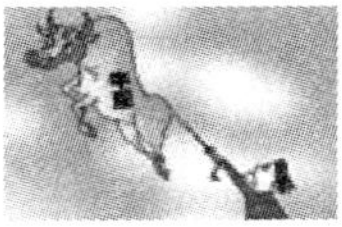

业板和场外市场的多层次资本市场体系框架已逐步明晰，中小企业板是主板的一部分，创业板在交易所内开设，其发行上市标准比主板、中小企业板有所降低。因此，向不特定对象公开发行股票，其发行标准可在创业板的基础上进一步降低，从而产生场外交易市场的挂牌公司。目前主板和中小企业板上市公司，公开发行后的股本要求是5000万元，创业板要求公开发行后的股本不少于3000万元，这与《中华人民共和国证券法》对上市公司最低3000万元的股本要求相一致。场外市场的股本要求应该比3000万元更低。

从第二个切入点看，向超过200人的特定对象发行股票构成公开发行，其中又包括了两种情况：第一，向特定对象发行股票致使股东人数超过200人（发行前公司的股东人数可能少于200人，也可能超过200人）；第二，向特定对象募集股份而设立股份有限公司致使股东人数超过200人，且所发行股票不在交易所上市。

向特定对象发行股票或募集股份后公司股东人数超过200人的，均属公开发行，应纳入中国证监会的发行监管范围，必须得到中国证监会的核准后才能发行。从2006年

《中华人民共和国证券法》的立法本意来分析，这两种情形的发行条件均远远低于目前的公开发行并上市标准，发行后可到场外交易市场挂牌。

从现实可行性分析，第一个切入点需要发行审核与上市审核分离的政策作为先决条件，涉及面广，操作相对复杂一些。第二个切入点可直接对《中华人民共和国证券法》规定加以引申，细化有关规定后建立公开发行非上市制度，操作可行性更高。

在此需要特别指出的是，《中华人民共和国证券法》第十条规定，公开发行股票须经国务院证券监督管理机构核准，这里的公开发行包括了向特定对象发行股票致使股东累计超过200人的情形。也即，从目前为止的法律条文看，公开发行非上市制度仍然应该实施核准制。当然，这种核准的具体标准和程序，与公开发行并上市的核准标准和程序相比可以有较大的差异，甚至可以接近注册制，最终采取何种操作标准和程序取决于政策法规实施环境、条件以及证监部门的监管理念。

除发行标准外，第二个切入点还有一个关键之处在于“特定对象”的确定。从国际经验来看，向“特定对象”发行证券一

般指私募发行，例如，美国《1933年证券法》的“D条例”规定了豁免注册的私募发行，其中规定私募发行对象仅限于5类：①金融机构；②具有一定规模的企业和产业投资基金；③发行人的董事、监事及高管人员；④富裕的自然人；⑤具备相当专业知识和投资经验的成熟投资人。在数量上，美国限定第⑤类投资者不得超过35人（如超过35人，则必须到证券交易委员会注册，即不能作为私募），对前4类投资者则无数量限制。

考虑到我国的实际情况，第⑤类投资者实践中难以界定，第④类投资者现阶段操作难度也很大，可暂规定前3类投资者作为“特定对象”，向此类“特定对象”发行或募集股份后股东人数超过200人的，必须得到中国证监会的核准，但对股东总人数可不规定上限。

6.2.2 非上市公众公司概念及其监管制度

目前为止，我国正式的法律法规中均未对“公众公司”这一概念进行过明确规定。2006年实施的《中华人民共和国证券法》

仅仅对公开发行的定义进行了拓展，由此产生公开发行非上市的情形，但并未涉及非上市公众公司。2006年12月12日，国务院办公厅发布《关于严厉打击非法发行股票和非法经营证券业务有关问题的通知》（国办发〔2006〕99号文），其中提出了非上市公众公司这一概念，即“公开发行股票但不在证券交易所上市的股份有限公司简称非上市公众公司”，但并未具体明确其内涵和外延。实际上，从监管视角来看，公开发行非上市属于发行监管，而公众公司监管属于公司监管，尽管有交叉之处，应该分别予以专门规定。

“公众公司”这一概念是相对于私人公司或合伙公司而言的，一般指的是上市公司，因上市公司通常面向公众公开发行和交易股票，涉及公众利益而得名。上市公司一定是公众公司，但反之则不成立，公众公司不仅仅限于上市公司。在美国，公众公司是指必须履行公开信息披露义务的公司，又称“报告公司”（Reporting Company），包括两种情况：一是公司根据《1933年证券法》要求向美国证券交易委员会注册生效后，向公众公开发行股票，二是根据《1934年证券交易法》要求，无论是否有公开发行行为，只要公司股东人数超过500人，且总资

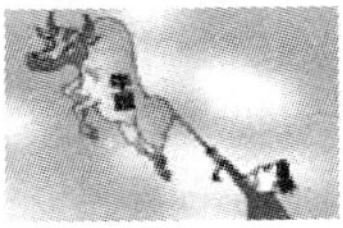

产超过1000万美元，或者公司股票在证券交易所或纳斯达克上市交易时，必须向美国证券交易委员会注册。

从美国公众公司的第二种来源看，除了证券交易所（纳斯达克已于2006年初正式注册为交易所）的上市公司之外，还有大量是在电子公告板柜台市场与粉单市场挂牌的公司。这些公司不一定公开发行股票，挂牌主要是为了转让，甚至可能有公司既不是上市公司，也不在场外市场挂牌，但股东人数超过500人且总资产超1000万美元，这类公司也必须成为“报告公司”，需向美国证券交易委员会履行信息披露义务。

从有利于保护公众投资者利益的角度出发，我国有必要借鉴美国等成熟市场的做法，明确非上市公众公司的概念和监管范围，并逐步建立相应的监管制度。《中华人民共和国证券法》第十条规定了向特定对象发行股票致使股东累计超过200人构成公开发行的情形；国办发〔2006〕99号文则对股票转让行为予以明确，规定“严禁任何公司股东自行或委托他人以公开方式向社会公众转让股票。向特定对象转让股票，未依法报经中国证监会核准的，转让后，公司股东累计不得超过200人。”

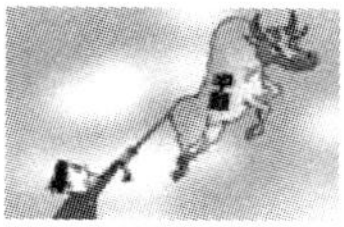

根据《中华人民共和国证券法》和国办发〔2006〕99 号文，我国的非上市公众公司概念可概括为：公开发行股票或其股票公开转让但均不在证券交易所上市的股份有限公司。非上市公众公司的来源，大致可以分为两个途径：其一，定向发行或募集，即向特定对象发行或募集股票致使股东累计超过 200 人的公司；其二，股票转让，即公开转让或者向特定对象转让股票后股东累计超过 200 人的公司。

具体地讲，现阶段我国非上市公众公司的法定监管范围应包括如下五类：

（1）向特定对象发行股票致使股东累计超过 200 人的股份公司；

（2）向特定对象募集股份致使股东累计超过 200 人而设立的股份公司；

（3）以公开方式向社会公众转让股票的股份公司；

（4）向特定对象转让股票致使股东累计超过 200 人的股份公司；

（5）存量的股东已经超过 200 人的股份公司，主要包括三种：原 STAQ、NET 公司、交易所退市公司、历史遗留的定向募集设立的股东超过 200 人的公司。

上述第（1）至第（4）类公司均属于

增量公司。其中第（2）类纳入监管范围的原因，在于2006年实施的《中华人民共和国公司法》第七十八条规定了设立股份公司可以采取定向募集方式，且在第九十三条规定，“以募集方式设立股份有限公司公开发行股票的，还应当向公司登记机关报送国务院证券监督管理机构的核准文件”。当然，由于此类公司发行股票后才设立，无历史经营业绩作为审核依据，实践中对此类公司的核准应该严格限制。

第（4）类指的是通过私下协议转让股票的股份公司，如果转让后股东累计超过200人的，也应该报经证监部门核准。这是国办发〔2006〕99号文为打击非法发行股票与非法证券活动而作出的规定，因为如果不对协议转让人数加以限制，实践中股份公司可以先向少于200人的特定对象发行股票，然后再向特定对象转售的方式规避监管，造成变相公开发行股票的事实。未来非上市公众公司股权转让市场建立后，可以考虑禁止此类转让行为，即在转让市场之外，不允许股份公司向特定对象转让股票后累计超过200人的行为。这种情况下股份公司可以有两种选择：进入转让市场挂牌公开转让；不愿进场挂牌的，可在转让市场外向特

定对象转让股票但股东累计不得超过 200 人，一旦临近 200 人的边界时由大股东出面回购相应股份。

沿着以上的逻辑思路不难推论出，第（1）至第（4）类增量公司中，由于第（2）类实践中严格限制，第（4）类未来也可不允许，因此非上市公众公司的增量来源就剩下两类：一是向特定对象发行股票致使股东累计超过 200 人，即定向发行的股份公司；二是以公开方式向社会公众转让股票，即公开转让的股份公司。

第（5）类存量公司中的原 STAQ、NET 公司、交易所退市公司已在代办系统挂牌公开转让。而定向募集公司情况则较为复杂，由于设立在 20 世纪 90 年代中期，普遍存在“法人股个人化，职工股社会化”等现象，不属于规范的股份公司，因而也不是当然的非上市公众公司，但经过一定的操作标准和程序，可逐步认定为非上市公众公司。

此外，在上述五类情形之外，通过股权赠与、司法裁决等方式致使股东超过 200 人的股份公司，尽管包括国办发〔2006〕99 号文在内的法规和政策性文件均未予明确规定，但从法理上讲，此类公司也应认定为非上市公众公司。

与前述6.2.1部分的公开发行非上市制度构建相衔接，非上市公众公司的监管制度也须相应建立起来。非上市公众公司的持续监管制度，应以强制性信息披露监管为主，在上市公司定期报告、临时报告披露标准的基础上适当降低要求，并辅之以打击违法违规、仲裁等法律机制。

实际上，第（1）类非上市公众公司的产生过程，也就是公开发行非上市制度实施的过程，即在前述所建议的公开发行非上市制度的框架之下，证监部门核准股份公司向特定对象发行股票致使股东累计超过200人的行为。公开发行非上市制度与非上市公众公司监管制度在此处实现了衔接，股份公司拟向特定对象发行股票致使股东累计超过200人的，提出申请经核准后，定向发行股票结束就成为非上市公众公司，从而纳入监管范围。

公开发行非上市制度与非上市公众公司监管制度还会出现另一种衔接。第（3）类非上市公众公司，此类公司实际上是公开挂牌转让的公司，如果首先允许股份公司公开挂牌转让，然后此类公司可以发行股票融资。这种融资理论上可包括向不特定对象发

行、向特定对象发行股票两种。向不特定对象发行股票当然属于公开发行，而向特定对象发行股票后股东累计超过 200 人的，也构成公开发行。由此，两项制度出现了另一种衔接，只不过与上一个衔接相比顺序颠倒了，此处是股份公司经批准首先挂牌公开转让，成为非上市公众公司，接受相应的监管，然后根据公开发行非上市制度的有关规定发行股票。

6.2.3　非上市公众公司股权转让及其监管

股份公司股票公开转让，或者向特定对象发行股票，均需相应的转让市场作为依托，即需要建立非上市公众公司股权转让市场。首先，公司向特定对象发行股票后，股票存在流通转让的需求；其次，股份公司如果不发行股票，仅仅公开转让其股票的，也需要转让市场的存在；再次，非上市公众公司监管制度，尤其是强制性信息披露制度的实施，有赖于非上市公众公司股权转让市场作为运作平台和载体。

非上市公众公司股权转让市场的设立思路，可在代办股份转让系统的基础上，发展类似于美国电子公告板柜台市场（OTCBB）、韩国柜台交易市场（Free Board）、中国台湾兴柜市场那样的场外交易市场。市场建立之初，明确股份公司可以直接申请到市场挂牌公开转让股票，并规定向特定对象发行股票或募集股份设立致使股东超过200人的公司，必须到这一市场挂牌转让；待市场运行一段时间之后，在非上市公众公司监管制度进一步确立的基础上，规定所有股东超过200人的股份公司（即存量公司），必须到这一市场进行强制性信息披露。

非上市公众公司股权转让市场建立之后，就挂牌公司的来源看，主要有三类：直接到市场挂牌公开转让的公司、向特定对象发行股票或募集股份致使股东超过200人的公司、存量的股东已经超过200人的股份公司。这些公司在市场挂牌后，可以向特定对象发行股票募集资金。

非上市公众公司股权转让市场内部应该分层。根据公司股本、业绩、流动性等指标，初步可分三层：上一层的交易制度更加先进，实施有限的集中撮合交易制度，如每周三次等；中间一层的挂牌公司交易制度实施做市商制；下一层只提供股份报价功能，不提供做市商，更无集中撮合机制，交易实

行买卖双方一对一议价。在目前的代办股份转让系统中，中关村科技园区报价转让公司即符合最下面市场层次的特征。非上市公众公司股权转让市场内部建立升降级机制，三个层次的挂牌公司可以互相转换。从降低成本、平稳过渡等角度出发，非上市公众公司股权转让市场依托目前的代办股份转让系统发展最为合适。

考虑到在转让市场中对投资者资格界定操作难度大，不宜再像发行监管那样界定特定投资者，实践中可通过提高每笔交易的股数等措施来限制一般个人投资者参与，如单笔交易股数不得低于 3 万股等。

如此，非上市公众公司股权转让市场的层次关系如图 6－2 所示。

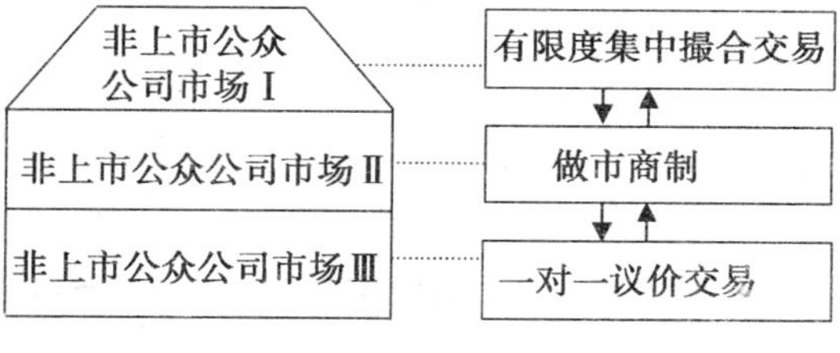

图 6－2　非上市公众公司股权转让市场分层结构

当然，非上市公众公司股权转让市场与创业板、中小企业板市场之间应建立转板制度。从创业板、中小板退市的公司可自然成

为非上市公众公司股权转让市场挂牌公司，同时应该建立升板机制。非上市公众公司股权市场挂牌公司中，如果公司股本规模、经营业绩、股票流动性达到一定的标准之后，可直接向证券交易所申请，经交易所批准后到创业板和中小企业板上市。

6.3 股份有限公司的登记注册及其转让监管

流动性是股份的天然属性之一。上市公司在专门的股票交易所进行股权交易，股份流动一般都顺畅有效，而对于非上市的股份公司来说，其股权转让的渠道、方式则较为有限。非上市股份公司中的一部分，可在股票场外交易市场报价转让，其余的非上市股份公司，则仅能通过私下协议的方式进行转让。非上市股份公司的股权转让及其监管，与股份公司的登记注册密切相关。本部分从工商登记注册的角度切入，分析股份公司的股权转让及其监管问题。

6.3.1　股份公司的登记注册

规范公司登记注册的法律法规为《中华人民共和国公司法》、《中华人民共和国证券法》和《公司登记管理条例》。2006 年 1 月起施行的《中华人民共和国公司法》第八十二条规定股份公司章程应当载明的事项中，第（四）项为“公司股份总数、每股金额和注册资本”，第（五）项为“发起人的姓名或者名称、认购的股份数、出资方式和出资时间”。第九十七条规定，“股份有限公司应当将公司章程、股东名册……置备于本公司”。

《中华人民共和国证券法》第一百五十七条规定证券登记结算机构履行的职能第（三）项为“证券持有人名册登记”；第一百五十九条规定，“证券持有人持有的证券，在上市交易时，应当全部存管在证券登记结算机构”；第一百五十五条规定，“设立证券登记结算机构必须经国务院证券监督管理机构批准”。

2006 年 1 月起实施的《公司登记管理条例》第九条第九项规定股份公司的登记事项包括“股份有限公司发起人的姓名或

者名称，以及认缴和实缴的出资额、出资时间、出资方式。”第三十五条规定，“股份有限公司的发起人改变姓名或者名称的，应当自改变姓名或者名称之日起30日内申请变更登记。”

从上述《中华人民共和国公司法》、《中华人民共和国证券法》和《公司登记管理条例》的有关规定，可以推论出，上市公司股东的法定登记机构是中国证监会批准设立的证券登记结算机构（即中国证券登记结算有限责任公司），登记结算机构保管的上市公司股东名册具有法律效力，而对于非上市的股份公司来说，其股份登记管理具有三个特点：①工商管理部门仅登记股份公司的发起人股东信息，非发起人股东情况工商部门不予登记；②股东如果将其手中股权转让，工商管理部门仅登记发起人股东变化情况，对于非发起人股东变化信息不予登记；③股东名册，即包含所有股东资料的文件并无法定登记存管机构，仅由股份公司自行保管。

这就产生一个问题：非上市股份公司的股东，如果通过私下协议方式转让股份，从法律意义上讲，其股东过户只能通过股份公司变更股东名册实现，目前阶段尚无法定第三方机构办理这一业务。实践中，许多地方

政府陆续成立股权托管中心，专门从事非上市股份公司股权托管业务，并提供分红派息、股东过户、咨询等有关服务。

6.3.2　股份公司的股权托管

股权托管的全称是股权委托管理，是一种法律上的委托关系。委托关系是指当事人双方约定，受托方以委托方的名义为委托方处理事务的法律关系。《中华人民共和国民法通则》关于委托代理的规定、《中华人民共和国合同法》对于委托合同的规定、《中华人民共和国公司法》对于投票权委托的规定是托管关系应当适用的法律。股权托管的主体又分两种：一种是公司的股东将股权委托给受托人行使，另一种是股份公司经法定程序通过决议后，将股权整体委托给受托人管理。

第一种股权委托的一般是股东的投票权、管理权等，而第二种股权委托则仅仅是股权的登记存管，受托人代理公司行使股权过户登记、股权质押登记、代理分红派息、股东名册的管理与备案、股权查询业务等。本书所探讨的股权托管，仅指第二种情形。

各地开展非上市股份公司的股权托管，一般都在地方性法规或者根据地方性法规制

定的股权托管规则中取得法律依据。例如，上海的《上海市非上市股份有限公司股权托管试行规则》（沪产管办〔2005〕5号），系根据《上海市产权交易市场管理办法》（市政府第36号令）制定；重庆市政府于2010年6月通过《重庆市非上市公司股权登记托管管理办法》，该办法明确规定重庆辖区内国有参控股公司、拟上市公司都应在重庆股份转让中心集中托管其股份。湖北省政府发布的《湖北省股权托管业务规则》（鄂国资产权〔2008〕168号），要求湖北省境内国有控股、参股非上市股份有限公司，应依照规定委托湖北省股权托管中心进行股权集中登记托管。

当然也有例外。例如，深圳国际高新技术产权交易所于2005年3月发布《关于深圳市非上市股份公司股权登记托管相关事宜的公告》，公告内容如下：

“根据深圳市政府《关于非上市股份有限公司股权登记托管的会议纪要》和深圳市政府深府函〔2002〕31号《关于同意将深圳证券交易所非上市股份有限公司股权登记托管业务移交深圳国际高新技术产权交易所的批复》，深圳国际高新技术产权交易所是深圳市政府批准的深圳市非上市股份有限公司股权登记托管机构。

根据深圳市工商行政管理局深工商函〔2004〕58 号文件规定，深圳市工商行政管理局对深圳市非上市股份有限公司的股权变更不再进行登记，变更登记业务移交我所办理。凡已在我所办理股权登记托管的深圳市非上市股份有限公司，其由我所出具的公司股东名册和股权证持有卡合法有效，股东权益受法律保护。”

由深圳国际高新技术产权交易所的公告内容可见，深圳关于非上市股份公司的股权托管是以政府规范性文件的形式明确其法律依据的。深圳工商行政管理局专门发函，明确了高新技术产权交易所为非上市股份公司股权变更业务办理机构，高新技术产权交易所出具的股东名册具有法律效力，这是深圳在股权托管方面的重大创新性举措。

从各地股权托管的具体形式来看，绝大部分是在产权交易机构内部成立股权托管部，也有相当部分省市设立独立的股权托管机构。据不完全统计，截至 2009 年年底，全国有近 20 家具有独立法人资格的股权托管机构，这些机构的组织形式多为公司制，也有事业法人，甚至少数为民营企业。详见表 6－1 所示。

表 6－1 全国股权托管机构名录（按成立时间先后排序）

名　　称	组织形式	管理机构或实际控制人	成立时间
成都股权托管中心	公司制	民营控股	1996 年
西安中信股权托管有限公司	公司制	成立时由省体制改革办公室领导，后被民营的西安产权交易所控股	1997 年
杭州股权管理中心	事业法人	杭州市财政局	1997 年
河北省股权托管登记中心	事业法人	河北省国有资产监督管理委员会、省金融办公室	1997 年
陕西省股权托管中心	公司制	成立时由陕西省国有资产监督管理委员会领导，后被民营的西安产权交易所控股	2000 年
西安三秦股权托管有限公司	公司制	陕西省工业交通办公室	2001 年
湖北省股权托管中心	公司制	湖北省国有资产监督管理委员会	2003 年
甘肃股权登记托管服务公司	公司制	民营控股	2003 年
合肥股权托管交易所	公司制	合肥市产权交易中心控股	2004 年
深圳非上市股份公司股权登记托管中心	公司制	深圳国际高新技术产权交易所控股	2004 年
广西联合股权托管中心	公司制	广西联合产权交易所控股	2005 年

续表

名　　称	组织形式	管理机构或实际控制人	成立时间
上海非上市公司股权托管中心	公司制	上海市发展和改革委员会	2004 年
绍兴市股权托管中心有限公司	公司制	绍兴市金融办公室	2007 年
北京股权登记管理中心	公司制	北京产权交易所控股	2008 年
南京股权托管中心有限公司	公司制	南京市国有资产监督管理委员会	2008 年
浙江股权托管服务有限公司	公司制	浙江产权交易所控股	2008 年
淄博股权托管中心	公司制	淄博市金融证券办公室	2009 年
合　计	17 家		

注：根据公开信息不完全统计，截至 2009 年年底。

股权托管机构开展为非上市股份有限公司和有限责任公司办理股权集中托管、过户、查询、分红等业务。关于托管对象类型要求，各地政府政策有差异，有的（如上海等地）规定国有股份公司必须将股权予以托管，民营、外资等股份公司则可自行选择；有的地方要求所有的非上市股份公司都要进行股权托管。

除正常的股权托管业务外，有的股权托管机构为中小企业搭建融资平台，为围绕股权进行的融资活动创造条件。例如，上海股

权托管中心吸引银行、担保公司聚集托管中心平台，探索开展股权质押登记业务，吸引风险投资、引进战略投资者、利用信托等金融工具搭配组合等，积极寻求化解中小企业融资难的新途径和新方法，促进中小企业发展壮大。

6.3.3 股份公司股权转让及其监管

根据国家工商行政管理总局的统计，截至2008年年底，全国具有企业法人资格的股份公司总数为1.45万户，如果将不具备法人资格的股份公司分公司计入，则股份公司总数为12.31万户（参阅国家工商行政管理总局网站《2008年全国市场主体发展情况报告》）。1.45万户的股份公司中，民营（工商登记的标准名称为“私营”）股份有限公司达1.12万户。

非上市股份公司的股权转让受到诸多限制，《中华人民共和国公司法》第一百九十三条规定，“股东转让其股份，应当在依法设立的证券交易场所进行或者按照国务院规定的其他方式进行。”《中华人民共和国证券法》仅在第三十九条规定，“依法公开发

行的股票、公司债券及其他证券，应当在依法设立的证券交易所上市交易或者在国务院批准的其他证券交易场所转让”，但对非公开发行的股票、非上市股份公司股权转让则未涉及。由于股权转让的“国务院规定的其他方式”迟迟未有明确规定，因此实践中股份公司股权转让渠道一直不畅。

6.4 私募发行制度与私募股权转让市场

6.4.1 现阶段我国对私募市场的监管严重缺位

我国尚未制订关于私募发行证券的明确规定。2006 年《中华人民共和国证券法》中规定了上市公司的非公开发行，但由于要经过中国证监会的核准，不是真正意义上的私募发行。国办发〔2006〕99 号文规定：“向特定对象发行股票后股东累计不超过 200 人的，为非公开发行。非公开发行股票及其股权转让，不得采用广告、公告、广

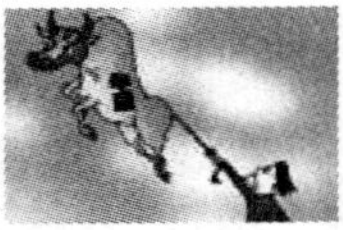

播、电话、传真、信函、推介会、说明会、网络、短信、公开劝诱等公开方式或变相公开方式向社会公众发行。”向特定对象发行股票后股东人数累计不超过200人，这种发行行为可认定为私募发行。

但值得重视的是，目前阶段我国对私募发行的监管处于严重缺位状态。股份有限公司私募发行证券，不受中国证监会的监管，也无其他任何政府机构监管。根据2006年实施的《公司登记管理条例》，国家各级工商行政管理局仅负责登记管理股份有限公司发起人情况以及发起人变更事项；至于股份公司的股东名册，则由各公司自行保管，而股东如转让股份，也无需到工商部门登记。也就是说，股份公司如果以私募方式发行股票，或者私下协议转让股份，无政府部门予以登记认可。

如果股份有限公司由国资控股，则私募发行股票或转让股权，当由作为大股东的各级国有资产监督管理委员会予以审批；而如果是集体企业或者民营企业，则完全游离在政府部门的视线之外。这不能不说是严重的监管缺位。

从鼓励自由竞争、促进中小企业融资，尤其是风险投资、私募股权投资的角度，放任自流、无政府监管可能是一件好事，但

是，如果连起码的数据统计都没有，则将影响宏观经济决策的准确性与有效性。以美国为例，美国证券交易委员会于 1974 年颁布规则 146（Rule 146），旨在为《1933 年证券法》第 4（2）条私募发行豁免提供一个更加确定的规则，根据该规则，私募发行证券免于向证券交易委员会注册，但证券发行时，发行人被要求向其主营业务所在地的证券交易委员会地区办公室提交书面报告，也即报备。值得指出的是，美国 1974 年颁布 146 规则时无报备要求，但后来发现不仅无法对私募发行人及其他当事人实施有效监管，而且连私募发行的数据统计都无从掌握，最终还是于 1978 年强制要求私募发行公司必须报备。1982 年，美国证券交易委员会又颁布 D 条例（Regulation D），进一步优化私募发行豁免的有关制度，私募发行虽仍豁免注册，但增加了向非“获许投资者”（Accredited Investors）进行信息披露的义务，对于 500 万美元以上的发行，发行人原则上应提供与《证券法》要求的表格相一致的信息。由此可见，美国的证券私募发行，豁免注册仅仅是降低中小企业筹资成本的措施之一（免交注册登记费等），但绝非监管缺位，私募发行仍然要受到严格的监管。

6.4.2 制订私募发行规则的必要性分析

私募发行与公开发行一样，都是企业融资的重要手段。据统计，美国全面建立证券私募发行制度的 1973—1982 年，针对机构投资者的证券私募发行占全部发行额的年均比例为 22.9%。1982 年美国颁布 D 条例之后，私募发行规模和进度进一步加快，1981—1992 年，外国发行人在美证券市场筹资总额 2318 亿美元，其中通过私募发行的占比为 58.2%[1]。近年来，我国风险投资、私募股权投资开始盛行，在促进企业融资、发展创业企业等方面发挥了积极作用。但是，在具体的法律法规中，均缺乏对私募发行的明确规定。

从拓宽中小企业融资渠道、促进中小创业企业发展的角度，我国有必要制订专门的规章，对私募发行股票等公司融资行为予以明确，从而建立我国的证券私募发行制度。

---

① 资料来源：SEC Reports，转引自郭雳：《美国证券私募发行法律问题研究》，北京大学出版社 2004 年版，第 94 页。

6.4.3　私募股权转让市场的建立

证券私募发行规则明确之后，还需要建立私募证券的转让市场，类似于美国的私募证券交易市场（PORTAL），即仅限于机构投资者之间的市场。具体可考虑依托目前沪深证券交易所的大宗交易平台，或者选取部分运作规范、股份公司股权交易活跃且监管严格的地方产权交易市场，建立金融机构、一般企业、产业投资基金等参与的私募发行证券转让市场。实际上，我国目前的银行间市场就是机构之间市场的良好典范，可予以借鉴。

当然，从发展顺序来说，首先应发展非上市公众公司股权转让市场，待这一市场建立且运行比较成功之后，再择机建立私募股权转让市场。

第 7 章

地方产权交易市场发展问题[①]

地方产权交易市场，是指全国各地政府成立的、以从事各类产权交易与服务为经营范围的产权交易所、产权交易中心以及技术产权交易所（以下统称为产权交易机构）。根据法律规定，产权交易市场不属于证券交

① 笔者于 2004—2006 年间，先后实地走访了上海联合产权交易所、安徽产权交易中心、合肥产权交易中心、北京产权交易所，与这些市场的负责人或研究部门专家座谈交流，获益匪浅，特此致谢。

易场所，但是部分产权交易机构，开展了非上市股份公司的股权转让业务，2008 年起天津、重庆等地还先后成立了专门的股权交易所（中心）①，这些交易市场在一定程度上成为事实上的证券场外交易市场。因此，有必要单独探讨产权交易市场发展问题，尤其是关于整合的可能性、与多层次资本市场关系、未来的发展方向等问题。

7.1 地方产权交易市场的发展现状

产权交易市场最初出现于 1988 年，中间经历了一段曲折的发展历程。2000 年之后，产权市场又进入新一轮的发展期，下面对产权市场发展现状作简要分析。

7.1.1 产权市场已形成一定的规模

首先，从产权交易机构的数量来看。

① 下文将在第“7.3.4 股权交易所的发展分析”部分专门讨论。

2003年年初，全国各地已有各类产权交易机构约220家，其中，技术产权交易所30家左右[1]。到2006年年底，全国产权交易机构的总数量上升到近300家（据合肥市产权交易中心提供的数据）。

其次，从总体交易规模来看，产权交易市场的交易宗数、交易金额逐年上升。据不完全统计，2003年全国产权市场成交21571宗，2004年成交23025宗、成交金额1913.84亿元，2005年成交约20000宗、成交金额3000亿元左右（据《中国产权市场年鉴》）。

7.1.2 业务以国有产权的转让为主

地方产权交易市场的业务范围，主要包括实物产权、技术产权与股权等的交易，即物权、债权、知识产权与股权等的交易。从产权的所有制成分来看，国有产权的交易占了产权交易市场业务的绝大部分。2004年，对包括京、津、沪在内的19家省市产权交易市场数据统计发现，国有企业出让的成交宗数占

① 孙斌："220家产权交易所谋求统一市场"，《经济观察报》，2003年1月6日；国家发展和改革委员会2006年2月"关于我国产权交易市场发展情况的调研报告"提供相同数据。《2005年中国产权市场年鉴》估计为200多家。

比为 70.3%，成交金额占比达到 75.22%。以上海为例，自 1996 年开始，国有（含集体）产权交易占了较大比重，随后逐年下降，到 2003 年之后开始回升，2004 年国有产权交易金额占比达到 57.32%（详见表 7－1）。

表 7－1　上海产权交易市场历年交易金额统计

年份	1996	1997	1998	1999	2000	2001	2002	2003	2004
国有产权交易金额占比（%）	58.08	50.84	44.25	29.29	23.17	28.28	34.66	31.96	57.32

注：1996—2001 年为上海产权交易所数据，2002 年上海产权交易所与上海技术产权交易所合并，成立上海联合产权交易所，2002—2004 年为上海联合产权交易所数据。数据来源于上海联合产权交易所。

7.1.3　各地产权市场发展差异极大

全国近 300 家产权交易机构中，到目前为止，仅有上海联合产权交易所、北京产权交易所、天津产权交易中心已形成规模优势，市场集中度非常高。2004 年，沪、京、津三家产权交易市场占全国产权交易市场总成交金额的比例分别为 38%、12%、11%，3 家合计占有全国总成交金额的 61%；位列全国前 10 名的产权交易市场占全国总成交金额的比例为 81%，其他 95% 的产权交易所（200 多家）共同分享19%的全国市场份额（据《2005年中国产权市场年鉴》），相当一部分产权交易机构名存实亡，产权交易业务极少。

产权交易机构的盈利模式普遍比较单一，主要靠收取会员费、入场费、交易佣金维持日常经营，绝大多数产权交易机构处于负债运营状态，靠地方政府的财政补贴和各类税收优惠政策勉强生存。仅有少数具规模优势的产权市场，包括京、津、沪三地产权交易所盈利状况较好。

7.1.4 产权交易市场呈现联合趋势

近年来，各地产权交易市场已自发组织起来，形成了若干松散的区域性产权市场联合体。2002年，天津产权交易中心发起成立了北方产权交易共同市场，上海发起成立长江流域产权交易共同市场；2004年，西部产权交易共同市场成立；广东省也计划依托珠江流域的9个省以及港澳地区，成立“9+2”泛珠江三角洲产权交易共同市场。这些产权交易共同市场使用统一的信息网络服务平台，统一信息披露标准、交易统计标准和对外推介项目格式标准，但在具体业务方面尚无实质性的联合或合作内容，属于松散型的区域共同市场。

7.1.5 地方产权交易市场发挥了积极作用

产权交易市场在各地的经济发展中发挥了一定的作用。尤其比较突出的是包括京、津、沪在内中心城市的产权交易市场，在促进当地经济资源优化配置、推动国有产权有序流动、高新技术成果转化等方面发挥了积极的作用。

首先，产权交易市场形成了各类产权的价格发现机制，有利于各地经济资源的优化配置。产权交易市场为各类产权提供挂牌转让的场所，通过竞价、拍卖等交易方式，提高了市场的定价效率，为各类产权真实价值的发现提供了市场化机制，推动了跨区域企业并购和外资并购。

其次，产权交易市场为国有企业的产权流动和重组提供了重要场所，为国有经济的战略性重组创造了条件。产权市场发展早期，大批经营困难的国有企业，通过到产权市场整体转让、破产重整、资产打包拍卖等形式，重新获得生机，如 1996 年上海产权交易所国企产权交易中，破产资产转让占到 49.2%（到 2003 年破产资产交易仅占 3%）。近年来，在国有经济战略性重组、国有资本逐步推出竞争性领域的背景下，国有产权进场公开挂牌、规范操作，有效防止了暗箱操作与内幕交易，在遏制国有资产流失方面发挥了积极作用。

再次，产权市场促进了高新技术产业化和高科技企业本身的发展。知识产权的转让是产权交易所的主要业务范围之一，全国约有 30 家专门从事技术产权交易的产权交易所，其他产权交易所（如北京产权交易所）近年来也纷纷将知识产权转让作为重点发展方向，通过技术项目转让、技术产权交易使一大批成长型科技企业蓬勃发展壮大起来。

最后，产权市场促进了民营经济发展。各类私营企业、个体工商户和自然人股东等多元化投资主体进入产权市场，通过公开交易方式参与国有企业产权、技术产权等的拍卖和竞价，从而不断成长壮大，促进了整个民营经济的发展。以上海为例，2002 年自然人受让产权的宗数占比仅为 22%，到 2004 年，这一比例上升到 47%。

7.1.6 地方产权交易市场存在着诸多问题

尽管在经济发展过程中发挥了一定的作

用，但产权市场存在着诸多问题：

1. 功能定位处于模糊状态

首先，产权交易机构均由各地政府设立，其法律依据基本来自各地方的行政性法规，全国并无关于产权交易市场的统一法律法规，因此导致实践中的产权市场定位模糊；其次，各地产权交易机构的性质杂乱，多数产权交易机构是由地方政府财政直接出资或通过国有企业出资设立，性质大多数为事业单位，少数为公司制，还有相当一部分实行事业编制、企业化管理；最后，由于功能定位模糊，导致产权市场的业务范围界限不明，例如有的产权交易机构与股权托管中心混为一体（如合肥市产权交易中心与股权托管中心是两块牌子、一套班子）。

2. 行政管理体制比较混乱

据中国证监会研究中心收集的 80 家产权交易机构资料显示，从各地产权交易机构的审批设立来看，地方政府批准设立的有 63 家，国资管理部门直接设立的 5 家，其中有 3 家由当地编制委员会批准设立，还有的是多部门联合发文设立（如山西省产权交易中心由省产权办公室、经济贸易委员会、工商行政管理局、国有资产监督管理委员会、证券管理办公室联合发文设立）。在产权交易市场的行政隶属上，各地也是五花八门，大部分由地方国有资产监督管理委员会管理，还有的由地方发展和改革委员会、财政局（厅）、科技局（厅）、经济贸易委员会等部门管辖，一般在这些部门下面再设立一个直属的产权管理办公室，具体负责对产权交易市场的管理。

3. 产权市场区域分割严重

产权交易市场在全国范围内呈遍地开花的态势，地域分割特征明显。除各直辖市、省会城市之外，各地级市基本上都已成立产权交易机构，甚至少数县也有产权交易所，从而形成省、市、县三级产权交易市场。以安徽省为例，在合肥市有两家省级产权交易机构：安徽省产权交易中心、合肥市产权交易中心，下边的地级市也大多有产权交易所（如蚌埠市产权交易中心），还有个别县级产权交易机构（如安徽广德县产权交易中心）。可以粗略估算，截至2004年年底，全国共有地级以上（含地级）城市226个，如果按照近300家产权交易机构计算，平均每个地级以上城市拥有1.3家产权交易机构，考虑到中西部的部分城市没有产权市场，相当多的城市拥有二三家产权交易机构。

产权市场区域分割的后果就是市场分

割，造成产权流动的受阻、市场效率的损失。产权不同于一般的商品，其最大的特征就是高度流动性，而且应该是跨区域流动，而市场分割的存在严重影响了产权市场的跨区域流动性，使异地企业并购、重组的成本高昂，要素市场的功能被严重抑制。目前已经形成的区域产权交易共同市场仅仅属于信息交流合作，缺乏业务方面的实质性合作，无法解决市场分割的问题。

7.2 产权市场动因和运行特点分析

7.2.1 产权市场发展动因

1. 产权流动需求

我国经济转轨过程中，各类产权（主要是国有产权）产生流通转让的需求。早期大批国企破产、改制，破产后的资产（如机器设备、厂房等）以及改制后的整体企业产权均有转让需求；后来国家在国企改革实施“抓大放小”，即将小型国企推向市

场，更是产生大规模的小型国企产权流通市场。国有经济战略性重组政策确定后，国有资本逐渐退出竞争性领域，直接导致一批中型甚至部分大型国企产权需要转让。其他如高新技术成果转化，催生知识产权和技术产权的转让需求。

2. 政策间接推动

产权交易市场的最初兴起，即是源于经济改革政策的推动。1988 年 3 月，全国人大七届一次会议将企业产权的有条件转让作为深化改革的重要措施，武汉随即于 1 个月后成立企业兼并市场（1993 年改为产权交易市场），其他地区纷纷跟进，由此产生了产权交易市场，为国企改制等产权转让提供服务。部分地方政府通过地方性规章形式，要求国有产权转让必须进场交易（如上海市政府 1998 年发布相关规定）。

2003 年 12 月，国务院国有资产监督管理委员会和财政部联合发布的《企业国有产权转让管理暂行办法》（市场人士通常简称为“3 号令”）第四条明确规定，“企业国有产权转让应当在依法设立的产权交易机构中公开进行，不受地区、行业、出资或者隶属关系的限制。”随后，国务院国有资产监督管理委员会选定北京、上海、天津三地的产权交易机构为央企产权转让的指定场所，2007 年又增加重庆联合产权交易所为央企产权指定转让场所。

尽管国有资产监督管理委员会“3 号令”仅规范国有产权转让，在第一条中即指出“为规范企业国有产权转让行为”，但由于我国国有资产存量规模巨大，且“3 号令”将国有产权转让场所的决定权赋予了各级国有资产监督管理委员会，各地国有资产监督管理委员会均有充分的理由将所辖国企产权转让场所指定为本地产权交易所，由此促成全国产权交易市场 2004 年之后的繁荣。

7.2.2　产权市场的运行机制

1. 法律依据

地方产权交易市场的法律依据，主要来自于各地政府的行政法规与规章。以上海为例，上海市政府于 1998 年颁布《上海市产权交易管理办法》（沪府发〔1998〕61 号）及配套规章，后又于 2004 年发布《上海市产权交易市场管理办法》（沪府发〔2004〕36 号）取代了 61 号令，其他各地政府也都有类似规定。从国家层面来看，目前尚无关于产权交易市场的任何统一的法律法规或规章，仅仅在相关法律规章中提到产权交易机构；2003年国务院国有资产监督管理委员会的《企业国有产权转让管理暂行办法》，其中第四条规定国有产权转让应当在“依法设立的产权交易机构中公开进行”，并在第十条中列出了选择产权交易机构的标准。

2009年5月1日起施行的《中华人民共和国企业国有资产法》第五十四条第二款规定，“除按照国家规定可以直接协议转让的以外，国有资产转让应当在依法设立的产权交易场所公开进行。”

2. 监管制度

目前为止，产权市场并无全国统一的监管制度。各地政府一般在产权交易市场的行政隶属部门（如地方国有资产监督管理委员会、发展和改革委员会、科技委员会及财政厅等部门）之下设立产权管理办公室（简称“产管办”），负责对产权交易市场的业务监管。各地“产管办”对产权交易市场的监管主要是调解、劝说纠纷，对违法的产权交易尚无行政处罚权，对涉及异地的国有、集体、民营产权交易和外资并购也都没有监管权限。对公司股权交易，一般也没有关于公司状况的信息披露监管要求。

3. 交易标的

各地产权交易市场的交易标的基本一致，包括物权、债权、股权、知识产权等，物权主要是指机器设备、厂房、建筑物等，股权包括股份公司股权和有限责任公司股权，此外还有一些其他类型的产权，如土地使用权、工厂经营权等。各产权交易市场内，不同交易标的交易份额有所差别；总体来看，1999 年之前，破产企业资产（物权、债权等）的交易占了大部分，2000 年之后股权交易逐渐增多，有的占所有交易额的比例超过 80%（如上海联合产权交易所自 2003 年之后，每年股权交易宗数和交易金额占比均在 80% 以上），当然，其中相当部分是有限责任公司股权交易。

产权交易市场的股份公司股权转让与证券交易市场的股权转让不同，关键区别在于产权市场的股份是非标准化的（不可拆细交易），一般按照占总股本的多少比例进行挂牌转让，而证券交易市场的股权是标准化的股份（可拆细为单股）。

4. 交易方式

国务院国有资产监督管理委员会和财政部《企业国有产权转让管理暂行办法》第

五条规定，“企业国有产权转让可以采取拍卖、招投标、协议转让以及国家法律、行政法规规定的其他方式进行”。实际上，国有资产监督管理委员会3号令是将此前各地产权交易市场的主要交易方式作为国有产权转让的法定方式确定下来。产权市场的交易方式有三种：一对一协议转让、在评估的基础上招标投标、竞价拍卖。近年来，部分产权交易所（如上海联合产权交易所等）引入电子竞价平台系统，使交易效率大大提高，但是其竞价买卖的本质未变，而且股份交易不得连续竞价买卖，且不能拆细交易。

5. 中介机构

产权交易机构一般实行会员制，会员单位包括产权经纪公司、各类投资公司（包括风险投资公司）、企业集团与上市公司，其中以产权经纪公司居多。客户交易产权须委托具有会员资格的经纪机构进行，有的产权交易机构也允许客户直接进场交易。根据证券监管部门的相关规定，证券公司不得成为产权交易机构的会员。

6. 清算交割

一般的产权交易（不含知识产权与股份交易）涉及的因素众多，包括土地、矿产、房产、设备、车辆等诸多因素，如房产和地产权证的变更，除整体评估外，房产及地产部门要重新评估并收费；另外，企业整体转让一般会涉及富余人员和退休人员安置、设备更新等问题。交易双方的资金、产权交割一般在产权交易机构的监督下进行，并到相关部门办理过户手续。

有限责任公司股权转让完成后，交易双方须到工商行政管理部门办理过户手续。而股份有限公司的股权转让，除非整体转让或发起人股东变更，否则无政府部门予以办理过户登记手续，根据 2005 年 12 月修订的新公司登记管理条例，工商行政管理部门仅负责股份有限公司发起人及其变更的登记，其他股东变更不予登记①。实践中，有的地区（如上海、北京、合肥等地）成立了股权托管中心（一般是公司制），股份公司的股权交易双方可到股权托管中心办理登记过户手续。

7. 小结

从地方产权交易市场的运行机制可以发现，产权市场的地方性特征非常明显，这是

① 此前，深圳市工商局 2004 年专门发文（深工商函〔2004〕58 号文），对深圳市非上市股份公司股权变更不再登记，变更登记业务移交深圳国际高新技术产权交易所办理。据了解，全国范围内其他地区未有类似规定。

由以下四点所决定的：一是产权市场无强制性信息披露制度，挂牌产权的信息一般仅为本地或本行业专业人士熟悉；二是产权交易涉及因素众多，但各地的交易流程不同，交易过程中要与各地的工商、土地、税务等部门打交道，各地规定差异极大；三是交易方式以一对一的协议转让为主；四是监管制度不完善，跨区域产权交易无统一的监管机构和监管规则，一旦其中一方违约无法有效追究责任。

7.3 产权市场与多层次资本市场

如果从广义的资本市场概念来理解，显然产权市场是资本市场的组成部分，但是，如果仅从证券市场的范畴来看，至少目前为止，产权市场不属于多层次资本市场。那么，产权市场能否成为多层次资本市场的一部分？如果可以的话，又如何成为多层次资本市场的组成部分？下面笔者进行简要分析。

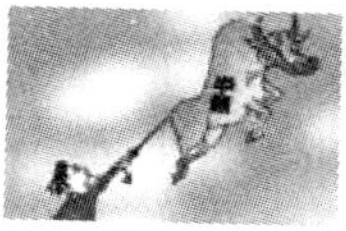

7.3.1　产权市场的非上市公司股份转让

国务院国有资产监督管理委员会和财政部发布的《企业国有产权转让管理暂行办法》第二十七条规定，“对非上市股份有限公司国有股权转让管理，国家另有规定的，从其规定。”由于非上市股份公司的股权交易一直未有明确规定，这就为产权交易机构开展非上市股份公司的股权交易预留了空间。

近年来，非上市股份有限公司（以下简称非上市公司）的股权转让通过三个渠道在进行：一是代办股份转让系统，二是全国各地的产权交易市场，三是非法中介开展的地下股权交易。其中，非法中介的地下股权交易不合法，应坚决予以打击；代办系统是合法的证券交易场所但挂牌公司数量极其有限，在数量巨大的非上市股份公司面前显得杯水车薪；地方产权市场在政策模糊的状态下开展了大量的非上市公司股权转让。

1. 产权市场的非上市公司股权转让特点

第一，股权转让频率较高，部分公司的股权换手相当频繁。上海股权托管中心 2003 年曾经对 9 家已托管公司做过一次调查。结果显示，原经上海市体制改革办公室批准并在市工商行政管理局登记的9家公司股东为180人(其中名义上自然人股东113人，法人股东67人)，总股本35990万股，但实际股东人数已超过2200人，待过户股权超过8000万股。

第二，跨区域特征明显，部分地区非上市股权投资跨区域比例较高。成都、西安等地的非上市公司股权经常被上海等异地投资者买走，如据成都股权托管中心统计，截至2005年年初，持有该中心托管的非上市股份公司股份的上海籍投资者达4万多人，占28万股东总数的14%。2004年，上海产权市场异地并购成交850宗，成交金额108亿元，占总成交金额的3%。

2. 非上市公司股权交易时的风险

由于介入非上市公司股权交易的投资者相当部分为自然人，对于非专业的投资者来说，容易由此引发一定的风险：

其一，定价问题。目前阶段，在产权市场挂牌的公司均无信息披露的规范要求，尤其缺乏经过会计师事务所审计的财务报表，因此，对于其股权的合理定价就成为首要的严重问题。

其二，非上市公司的股权归属问题。目前阶段，非上市股份公司的法定股东名册由公司自行保管，有的公司自行印制了股权证，但大部分股权证形式不一，缺乏统一、权威的认证方式。根据上海非上市公司股权托管中心掌握的情况，非上市公司的投资者持有的股权凭证既有付款收据，也有投资者与中介机构签订的转让协议，还有部分公司自行印刷的股权证（多数极易被伪造）。这样，如何确认这部分股权证的有效性和归属性就很复杂，特别是对于有些已经过多次转手的股权证，问题就更加难于处理。其中，少数公司设立时存在代持股现象，大部分公司股权进行了后续转让，有的甚至多次转让，但均未进行相应的变更登记，隐藏着极大的市场风险。

非上市公司的股权转让问题，在 2004 年 7 月《中华人民共和国行政许可法》正式实施前，部分地区对本地发起设立的股份公司股权转让进行行政审批（如上海市由发展和改革委员会负责）。2004 年 7 月之后，这一行政审批事项随之取消。而前文已经指出过，2006 年 12 月国办发〔2006〕99 号文中第三（二）条规定“严禁任何公司股东自行或委托他人以公开方式向社会公众转让股票”。这样，绝大部分非上市公司股权转让无正式的公开渠道，可行的途径是私

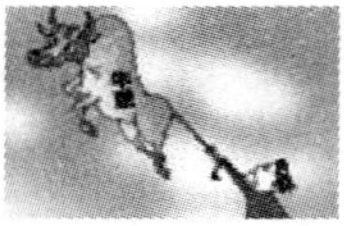

下向特定对象进行协议转让。

7.3.2 产权交易市场的融资功能

部分产权界人士从解决中小企业融资难的角度来定位产权市场，这是很长时期以来在产权市场发展中存在的一个认识误区。严格地讲，产权市场基本不具备融资功能，股东通过产权市场转让股权，公司本身并没有从中得到资金。例如，某产权界人士在一篇文章中，将 2005 年京、津、沪三地产权市场年度产权成交金额 1080 亿元，与沪、深股市 1991—2004 年均融资额 897 亿元相比，得出结论说产权市场支撑起资本市场 2/3 左右的规模。

当然，对于部分中小企业尤其是中小科技型企业来讲，公司股东与经理层基本上合二为一，通过挂牌转让股份，股东得到资金后又投入公司，确实能起到筹集资金的作用。但这有个前提条件，即股权能够大幅度溢价转让。实践中，中小科技型公司通过产权市场融资的难度很大，无论从成交宗数还是金额来比较，在整个产权交易中的比例极小，与其他产权交易相比基本可以忽略不计。

7.3.3　产权市场的中介与监管问题

如前所述，产权市场的中介机构以产权经纪公司为主，其余是投资公司或企业集团，甚至上市公司。我国证券市场发展实践表明，证券交易的专业性极强，缺乏证券专业中介机构的参与，证券投资者的利益很难得到保证，且不论其他组织根本没有从事证券业务的资格。如果允许证券经营机构成为产权交易市场的会员，则证券经营机构的经营范围又与产权交易市场的其他产权交易业务形成冲突。

最关键的还是监管问题。产权交易市场的监管法规缺失、主体不明，产权管理部门的监管仅限于调解产权交易纠纷，无其他监管权限。而且证券监管与其他产权交易的监管完全不同，物权、债权、知识产权等的交易流程比较复杂，各地在土地、税务等方面的操作规则差异极大，难以实施统一模式的监管；证券监管权限也难以扩展到对其他产权的监管。在同一个交易场所之内，实施两套完全不同的监管体制，更是不可想象的。

7.3.4 股权交易所的发展分析

2008 年以来，部分省市陆续成立了股权交易所（中心）。截至 2010 年 6 月，已有天津、广州、重庆先后设立了 4 家股权交易所（中心），分别是天津股权交易所、天津滨海国际股权交易所、广州私募股权交易所、重庆股份转让中心（表 7－2）。

表 7－2　各地股权交易市场概况（截至 2010 年 6 月）

名称	设立时间	交易标的	挂牌数量
天津股权交易所	2008 年 9 月 22 日	“两高两非”公司股权和私募股权基金	43 家公司 1 只基金
天津滨海国际股权交易所	2008 年 10 月 28 日	国际间企业股权债权投融资信息	股权融资 126 家 债权融资 14 家 股权投资机构 263 家
广州私募股权交易所	2009 年 6 月 30 日	非公众公司股权融资与转让	无数据
重庆股份转让中心	2009 年 12 月 28 日	非上市公司股权	无数据

注：“两高两非”公司指高科技高成长型、非上市非公众公司；资料均来源于公开信息。

1. 设立依据

2008 年 3 月 13 日，国务院批复《天津滨海新区综合配套改革试验总体方案》，方案中提出“积极支持在天津滨海新区设立全国统一、依法治理、有效监管和规范运作的非上市公众公司股权交易市场，作为多层次资本市场和场外交易市场的重要组成部分”。2008 年 5 月 4 日，天津市政府以津政办函〔2008〕19 号正式批准天津产权交易中心开展高科技高成长型、非上市非公众公司（简称“两非两高”公司）股权和私募股权基金份额交易，随后，天津股权交易所、天津滨海国际股权交易所相继成立。

2009 年 2 月，国务院发布《关于推进重庆市统筹城乡改革和发展的若干意见》（国发〔2009〕3 号），指出“加快发展多层次的资本市场，适时将重庆纳入全国场外交易市场体系”。2009 年 12 月 28 日，重庆股份转让中心成立，该中心定位于从事培育、推荐企业到代办股份转让系统挂牌交易，为企业提供股权登记、托管和转让服务等事务。

广州私募股权交易所则是作为广州市产权交易所新设的下属机构之一成立的，同时成立的下属机构还有广州环境资源交易所、广州农村产权交易所。据广州产权交易所介绍，私募股权交易所定位于非公众公司股权融资与转让。

2. 制约因素

从四家股权交易市场的运作来分析，除了广州市、重庆市两个市场尚无运作信息与数据可供分析之外，天津滨海国际股权交易所是为企业股权与债权融资、投资机构意向发布信息的平台。天津股权交易所定位于为“两高两非”公司股权和私募股权基金提供转让平台，并建立了挂牌公司信息披露等制度，最接近证券交易市场的特征。

《中华人民共和国公司法》第一百三十九条规定，“股东转让其股份，应当在依法设立的证券交易场所进行或者按照国务院规定的其他方式进行”。2006 年 12 月，国务院办公厅发布《关于严厉打击非法发行股票和非法经营证券业务有关问题的通知》（国办发〔2006〕99 号），其中明确规定，“严禁任何公司股东自行或委托他人以公开方式向社会公众转让股票。向特定对象转让股票，未依法报经中国证监会核准的，转让后，公司股东累计不得超过 200 人。”

《中华人民共和国公司法》与国办发〔2006〕99 号文至少明确了两点：其一，股份公司的股票只能在证券交易场所公开转让，而能够称为“依法设立的证券交易场所”的，截至 2010 年 7 月底，尚只有沪、深证券交易所、代办股份转让系统（报经国务院批准过）；其二，未经中国证监会核准的股票私下协议转让，转让后股东累计不能超过 200 人。

尽管国务院在滨海新区综合配套改革方案中，明确支持天津设立非上市公众公司股权交易市场，但全国股票场外交易市场的总体规划迟迟未定，天津股权交易所是在天津市政府主导下设立的，且定位于非上市非公众公司的股权转让市场，与原来非上市公众公司股权转让市场的定位差距甚远，目前为止并未纳入证券监管部门的统一监管，故是否能界定为“依法设立的证券交易场所”还无法确定。重庆股份转让中心的情形与天津类似。因此，天津、重庆、广州三地的股权交易市场，发展成为区域性的私募股权交易市场，且转让后累计股东严格限定在 200 人以下是现实可行的选择。

综合以上分析，目前阶段，产权市场成为多层次资本市场组成部分的可行性不高。当然，理论上，产权市场可以成为资本市场的一部分，并发挥融资功能。笔者认为，私募股权市场有可能成为产权市场的未来发展方向之一，实际上，已有少数产权交易机构

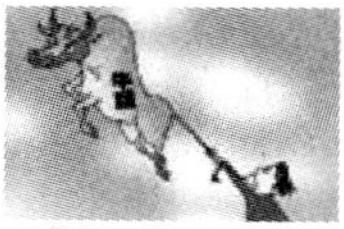

（例如广州产权交易所）开始了这方面的探索。

7.4 产权交易市场的发展方向分析

讨论产权市场的发展方向，首先需要明确产权市场的定位问题，在此基础上分析分散与统一的利弊、整合的可行性等问题。

7.4.1 产权市场定位问题

产权市场作为我国自 20 世纪 80 年代发展起来的要素市场，在优化配置经济资源的过程中发挥了重要作用。但是，由于证券交易的专业性、监管体制难以理顺等制约因素，现阶段产权市场不宜发展成为场外证券交易场所。产权市场在物权、债权、知识产权、有限责任公司股权等非标准化产品的交易方面有独特的优势，这一市场的存在和发展有其深厚的市场供求基础，这应该就是现阶段产权市场的定位。

7.4.2　整合的可行性分析

产权市场高度分散的现状，不仅造成资源浪费、恶性竞争，而且不断出现新的限制流动与人为市场分割，使整个市场的运行效率受到严重影响，进行整合是非常必要和迫切的。

产权市场的整合需要综合考虑整合成本与收益，至少涉及以下因素：一是产权交易的特性，二是投资者结构，三是行政壁垒与障碍，四是市场统一的具体实现方式。

首先来看产权交易的特性。如前所述，产权市场由于缺乏强制性信息披露制度，其交易产品的信息不对称问题非常严重，属于典型的买者自负市场，因此，这一市场的地域性特征非常显著。一般来说，信息不对称的市场，只有在同一地域或行业内发展才可能持久，因为本地域或行业能够通过其他渠道得到关于产品的信息。整合需要兼顾地域性。

其次，投资者结构。产权市场是信息严重不对称的市场，产权市场的交易标的是非标准化的产权产品，这两个基本特征决定了产权市场不适合一般的个人投资者参与，其参与对象应该主要是机构投资者和专业投资者，包括投资公司、一般企业、外资机构、具备专门财经知识的成熟投资者或者富裕的个人。

再次，行政壁垒与障碍。产权市场发展到如今遍地开花态势的关键原因之一是地方保护主义。因此，整合产权市场需要统筹兼顾，充分考虑到行政障碍，只有这样才具备较高的整合可行性。

最后，市场统一的具体实现方式。市场统一的实现方式有很多，在信息技术如此发达、信息成本极低的当今时代，联网运行的市场也是一个统一市场，并非只有物理意义上的单一交易场所才是统一市场。

综合考虑以上各个方面，在目前已进行信息交流合作的长江流域、北方等产权交易共同市场的基础上，建成几大区域性的产权交易市场是比较可行的整合路径，区域性产权交易市场可以采取联网运行、分散交易的方式，但同一个市场内必须统一交易规则、结算方式和监管机制，仅仅实现挂牌信息的共享交流是远远不够的。各地中小产权交易机构，可以成为区域性产权交易市场的分支机构，类似证券公司的营业部。

7.4.3　未来的发展方向

产权市场存在和发展的基础，在于国有产权的交易。从早期的小型国企破产重整，到中小国企的挂牌出售，再到目前阶段的国企退出竞争性领域，为产权市场带来了巨大的业务量。国有资产存量调整虽然目前仍在进行之中，一段时期之后大规模减少是可以预见的。产权市场未来的发展方向，应该着眼于知识产权、私募股权市场。

知识产权交易可以推动科技成果产业化，这一市场化的需求会一直存在下去。而私募市场目前在我国处于真空地带，完全游离在政府部门的监管之外，连基本的数据统计都缺乏。如果产权市场规范、整合为几大区域性的产权交易市场，并且限定参与者为特定对象（合格的机构与个人投资者），则产权市场在规范股权托管中心的基础上，发展私募股权转让市场且转让后累计股东严格限制在 200 人以下，有可能成为未来的发展方向之一。

第 8 章

结论与政策建议

本书对证券场外交易市场进行了较为系统化的梳理，先后讨论了场外市场的理论基础、国际经验，在总结我国场外市场发展历史教训的基础上，分析了场外市场发展与发行制度改革的关系，公开发行非上市制度与非上市公众公司监管制度构建，并探讨了地方产权交易市场的有关问题。概括而言，本书有四大结论和政策建议。

第一，理论分析证明，作为多层次资本

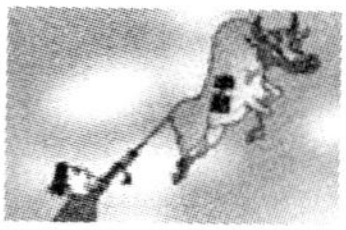

市场的组成部分，证券场外交易市场的发展有其客观必然性。为有效解决中小企业融资难问题，需要建立能够有效消除信息不对称问题的机制，只有发展证券场外交易市场，才能够实现中小企业融资的分离均衡状态。从证券交易制度演进的视角看，场外市场与交易所市场互为补充，可以实现整个市场交易成本的均衡。国际上许多传统场外市场已交易所化，场外、场内交易的界限在模糊，但场外交易的场内化是有边界的，将止步于场内化的边际收益等于边际成本。由于经济发展过程中公司形态的多样化，巨量中小企业的不断涌现，场外市场将长期存在下去。

第二，国际经验与我国的实践表明，我国需发展统一监管的、与交易所市场有显著制度差异的场外交易市场。海外比较成功的场外市场，都是有组织的、统一监管下的、证券商为主导的市场。我国场外市场发展的教训主要包括微观制度设计的失败、监管体制的分散等，场外市场与交易所实行相同的交易制度，相当于复制了若干个沪、深证券交易所。而分散的监管体制难以快速纠正市场的混乱无序。在交易所市场已有较大发展、证券监管水平提升、机构投资者力量不断壮大的条件下，现阶段进一步发展场外交易市场的时机基本成熟。

第三，我国的场外市场发展，须与发行制度改革紧密结合，逐步构建公开发行非上市制度和非上市公众公司监管制度。股票发行制度改革与场外市场发展互为条件，发行市场化须以场外市场发展作为前提，而拓展场外市场挂牌公司来源、实现融资功能也都需要发行制度改革的配合。现阶段，针对向超过 200 人的特定对象发行股票，以及股份公司直接挂牌公开转让股票，建立公开发行非上市制度和非上市公众公司监管制度是可行的选择。在代办股份转让系统的基础上，建立非上市公众公司股权转让市场，是公开发行非上市制度和非上市公众公司监管制度构建成功的重要保证。我国的证券私募发行市场完全游离于政府监管之外，须研究建立证券私募发行制度。

第四，现阶段，地方产权市场作为证券场外交易市场的基础条件不具备，应定位于非标准化产权的交易市场。产权市场产生于国有经济调整的大背景，适应国有产权转让的需求应运而生，也发挥了重要作用。但由于法律依据、监管体制、交易方式等原因，现阶段产权市场难以发展成证券场外市场，其定位应该是作为物权、债权、知识产权、有限责任公司股权及其他非公司制企业产权等非标准化产品的交易市场。目前的产权市场严重分割、数量过多、行政管理体制混乱，亟待加以整合，以现有区域市场联盟为基础，建立区域产权交易市场是可行的选择。在规范股权托管中心的基础上，发展私募股权转让市场且转让后累计股东严格限制在 200 人以下，也可能成为产权市场未来的方向之一。

参 考 文 献

1. Alec R. Levenson, Do firms get the financing they want? Measuring credit rationing experienced by small businesses in the US. *Small Business Economics*, 2000 (14): 83 –94.

2. Aggarwal K. Rajesh and Guojun Wu, 2002, "Stock Market Manipulation – Theory and Evidence", Working Paper, University of Michigan Business School.

3. Bruno Biais, Price Formation and Equilibrium Liquidity in Fragmented and Centralized Markets, *Journal of Finance*, Vol. 48, No. 1. (Mar., 1993): 157 –185.

4. Iraj hashi, the polish national investment fund programme: mass privatization with a difference? *Comparative Economic Studies*: spring 2000; 42, 1: 87 –127.

5. James angel, Jeffrey Harris, V. Panchapagesan and I. Werner, From pink slips to Pink Sheets: market quality around delisting from NASDAQ, Ohio State University Working Paper, 2004.

6. Morris Bornstein, *Framework Issues in the Privatisation Strategies of the Czech Republic*, Hungary and Poland, Publisher: Routledge, part of the Taylor & Francis Group, Volume 11, Number 1 / March 1, 1999.

7. Myers, S., and Majluf, Corporate Financing and Investment Decision when Firms Hare Information that Investors Do not Have. Journal of Financial Economics, 1984 (13): 187 - 221.

8. O. Dennis Hernandez, Jr., *Broker - Dealer Regulation under The Penny Stock Disclosure Rules: An Appraisal*, 27 Colum. Bus. L. Rev. 30 - 40 (1993).

9. Roger B. Upson; Paul F. Jessup, Risk - Return Relationships in Regional Securities Markets (in Investment Market Policy), *Journal of Financial and Quantitative Analysis*, Vol. 4, No. 5. (Jan., 1970): 677 - 695.

10. Ross, S, The determination of financial structure: the incentive signaling approach. *Bell Journal of Economics*, 1977 (8): 23 - 40.

11. Spenec A M., 1972, Job Market Signaling, *Quarterly Journal of Economics* 97: 355 - 374.

12. Stephen L. Buzby, Company Size, Listed Versus Unlisted Stocks, and the Extent of Financial Disclosure, *Journal of Accounting Research*, Vol. 13, No. 1. (Spring, 1975): 16 - 37.

13. Timothy Frye, Governing the Russian Euities Mar-

ket, Harvard Institute for International Development, August 1997, Working Paper.

14. Wladyslaw sztyber, Polish mass privatization schme: the programme of national investment funds. *Journal of Economic Studies*, 2003, 30, 3/4: 205 - 227.

15. 蔡伟彬:"证券市场混合交易模式制度研究",《证券市场导报》,2005 年第 7 期。

16. 陈露:"资本市场的层次构建与转板制度——基于分离均衡模型的研究",深圳证券交易所第九届会员单位与基金公司研究评选获奖报告,2006 年。

17. 陈工孟等:"日本 OTC 市场发展历程及启示——基于日本绿单市场的分析",《证券市场导报》,2009 年 9 月,"场外市场研究专刊"。

18. 郭雳著:《美国证券私募发行法律问题研究》,北京大学出版社 2004 年版。

19. 胡经生:"多层次市场信息披露制度的国际比较",《中国证券》,2006 年第 8 期。

20. 胡经生:"证券场外交易市场发展的国际比较与借鉴",深圳证券交易所综合研究所,深证综内字第 0028 号内部报告,2006 年 11 月。

21. 胡经生:"证券场外交易市场的发展与监管",《中国证券》,2007 年第 4 期。

22. 胡经生:"论发行制度改革与证券场外市场发展",《中国证券》,2007 年第 11 期。

23. 胡经生:" 海外证券场外交易市场的发展及对我

国的借鉴”，《深圳高新区》，2008 年第 3 期。

24. 胡经生：“论场外市场发展与公开发行非上市制度构建”，《证券市场导报》，2009 年 9 月，“场外市场研究专刊”。

25. 洪晓斌：《世界股市风云鉴》，经济管理出版社 1997 年版。

26. 黄运成：“我国股票发行监管制度的演变与评析”，《政研简报》（中国证监会内部资料），2004 年第 7 期。

27. 孔翔、吴林祥：“公众公司制度研究”，深圳证券交易所综合研究所，深证综研字第 0139 号研究报告，2006 年。

28. 林江峰、陈怡如：“美国未上市（柜）股票交易制度之简析”，《（台湾）证交资料》，2001 年 5 月第 469 期。

29. 林江峰、陈怡如：“我国未上市（柜）股票交易制度之建议”，台湾证券柜台买卖中心文件。

30. 史永东、赵永刚：“我国多层次资本市场建设研究”，深圳证券交易所综合研究所，深证综内字第 0014 号内部报告，2006 年。

31. 深圳证券交易所策划国际部：“台湾地区股票发行向注册制过渡的经验”，《证券市场导报》，2007 年第 6 期。

32. 深圳证券交易所报价转让系统工作小组：“代办股份转让系统总结”，深圳证券交易所内部报告，2006 年。

33. 滕军、李明亮、周新辉："基于完备性理论下的多层次资本市场构建研究"，深圳证券交易所第九届会员单位与基金公司研究评选获奖报告，2006 年。

34. 卫光钦："美国证监会对 OTCBB 股票市场的监管"，载中国证监会：《非上市公众公司监管动态》，2010 年第 1 期。

35. 文宗瑜：《证券场外交易的理论与实务》，人民出版社 1998 年版。

36. 王宣喻、储小平："资本市场的层级结构与信息不对称下的私营企业融资决策"，《上海经济研究》，2002 年第 4 期。

37. 王一萱、吴林祥："多层次资本市场国际比较与我国市场建设问题"，深圳证券交易所综合研究所，深证综内字第 0021 号内部报告，2006 年。

38. 吴林祥、孔翔："低层次股票市场引入传统做市商制度的理论和经验分析"，深圳证券交易所综合研究所，深证综研字第 0138 号研究报告，2006 年。

39. 吴昊："对于股权托管的法律分析"，《中国证券报》，2001 年 5 月 22 日。

40. 易剑："创新产权市场发展的必由之路"，《产权导刊》，2007 年第 2 期。

41. 中国证监会研究中心：《从繁荣走向成熟——2006 年资本市场研究报告汇编》，2006 年。

42. 张维迎：《博弈论与信息经济学》，上海人民出版社 2000 年版。

43.《中国产权市场年鉴》，上海科学技术文献出版社 2004 年版、2005 年版和 2006 年版。

44. 美国 OTCBB 网站：http：//www. otcbb. com

美国粉单市场网站：http：//www. pinksheets. com

日本绿单市场网站：http：//www. thegreensheet. com

韩国金融投资协会网站：http：//www. ksda. or. kr

台湾柜台买卖中心网站：http：//www. otc. org. tw

俄罗斯 RTS 市场网站：http：//www. rts. ru

后　　记

本书缘于我的博士后研究课题。2005 年，我考入深圳证券交易所博士后工作站从事全脱产博士后研究，进站申报课题即为证券场外市场研究方向。为了做好本课题，在进站初期，我搜集了大量资料，做了场外市场的国际比较研究，并在 2005 年、2006 年期间，先后实地走访了上海、合肥、北京等地的产权交易市场。2007 年 8 月，我以《证券场外交易市场发展研究——兼论地方产权交易所发展问题》[①] 为题的博士后报告答辩通过，顺利出站。

博士后研究期间，我有幸得到中国证监会庄心一副主席、中银国际控股（香港）公司首席经济学家曹远征教授、中国证监会办公厅王建军副主任三位恩师的指导与帮助。从开题直到答辩，课题研究全程得到三位恩师的悉心

① 2006 年 8 月至 2009 年 9 月间，笔者将场外市场相关研究成果先后在中国证监会系统发布或对外公开发表。2006 年 11 月，在中国证监会证券期货研究报告数据库和深圳证券交易所内网，发布研究报告《证券场外交易市场发展的国际比较与借鉴》（深证综内字第 0028 号）；2006 年 12 月，在中国证监会组织的“证券公司柜台交易研讨会”上作了证券场外市场国际比较的专题发言，并陆续在《中国证券报》、《证券市场导报》等刊物上公开发表 5 篇文章，详见本书参考文献所列。

指导。三位恩师引领我进入中国证券市场的前沿领域，指导我深入思考、研究了相关重要问题，令我受益匪浅，终身难忘。

特别感谢深圳证券交易所宋丽萍总经理对我的关心和鼓励，使我能够潜心从事研究工作。感谢深交所综合研究所时任所长波涛、副所长肖立见在业务上的指导。感谢国信证券胡继之总裁、中国证监会上市部蔡建春副主任在博士后出站报告会上的指导。我在 2007 年初参与非上市公众公司监管制度设计期间，中国证监会非上市公众公司部冯鹤年主任、李量副主任、魏学春副主任给予了大量指导与帮助，感谢三位主任。感谢中国证券业协会副会长、广发基金董事长马庆泉博士百忙中题写序言，感谢宋总为本书提供序言，两篇序言使本书增色良多。

博士后在站期间有幸与深交所综合研究所的诸位师兄师姐、博士后同事共事，我们一起度过了很多愉快的时光。我一直以为，能够与志趣高雅的人为伍乃人生一大幸事。

在此还要向默默支持我的家人致谢，感谢我的妻子蔡慧给了我最大的支持；感谢我的父母，一直以来对我攻读学业的鼓励。

从出站到现在已近 3 年了，博士后报告拖到现在才出版成书，原因有二：一是 2007 年 10 月至 2009 年 6 月，我从深交所借调中国证监会，专职从事创业板市场筹建工作，期间一直忙着参与《首次公开发行股票并在创业板上市管理暂行办法》及其系列配套规则的研究论证与制

定工作，无暇对博士后报告进行补充、修改和整理；二是我历来相信研究成果需要时间的检验，如果一段时间过后觉得没有出版的必要，那么也就无需浪费纸张和时间精力了。当然，本书的出版到底是否具有价值，还有待读者的评判，敬请业界专家和读者批评指正。

最后须郑重声明，本书完全是我个人的学术研究成果，书中内容仅代表我个人的学术观点，不代表我所在工作单位的观点和意见。

胡经生

2010 年 7 月 20 日

谨识于北京